학교를
민주주의의
정원으로
가꿀 수 있을까?

# 학교를
# 민주주의의
# 정원으로
# 가꿀 수 있을까?

초판 1쇄 인쇄  2020년 9월 29일
초판 1쇄 발행  2020년 10월 9일

지은이  성열관, 장영주, 한혜영, 임미자, 조민정, 손현정, 이유미, 조윤정, 김수연,
　　　　윤은진, 김서정, 반수정, 김인철, 노선용, 황수현, 송재영, 김명희, 이정선
펴낸이  김승희
펴낸곳  도서출판 살림터

기획  정광일
편집  조현주
북디자인  꼬리별

인쇄·제본  (주)신화프린팅
종이  월드페이퍼(주)

주소  서울시 양천구 목동동로 293, 22층 2215-1호
전화  02-3141-6553
팩스  02-3141-6555
출판등록  2008년 3월 18일 제313-1990-12호
이메일  gwang80@hanmail.net
블로그  http://blog.naver.com/dkffk1020

ISBN  979-11-5930-160-5  03370

이 도서의 국립중앙도서관 출판예정도서목록(CIP)은
서지정보유통지원시스템 홈페이지(http://seoji.nl.go.kr)와
국가자료공동목록시스템(http://www.nl.go.kr/kolisnet)에서 이용하실 수 있습니다.
(CIP제어번호: CIP2020041555)

# 학교를 민주주의의 정원으로 가꿀 수 있을까?

성열관·장영주·한혜영·임미자·조민정·손현정
이유미·조윤정·김수연·윤은진·김서정·반수정
김인철·노선용·황수현·송재영·김명희·이정선

살림터

서론
# 민주주의의 정원 가꾸기

성열관

　학교를 민주주의의 정원으로 가꿀 수 있을까? 우리 저자들은 이러한 화두를 들고, 그동안 학교에서 직접 실천해 왔던 경험을 중심으로 이 질문에 대답해 보고자 하였다. 먼저 우리가 정원이라는 은유를 선택한 것은 아주 적절했던 것 같다. 왜냐하면 학교를 정원으로 은유했을 때 많은 장점이 있기 때문이다. 정원에서는 식물들이 성장하며, 각기 독특성을 인정받는다. 그리고 그것들의 차이가 장점이 되어 서로 조화를 이루며, 마침내 정원이라는 전체가 되기 때문이다. 그리고 이 식물들이 잘 성장할 수 있도록 하는 정원사는 교사들로 비유될 수 있다. 식물들은 정원에서 개별성을 인정받으면서도 상호 의존적이다. '정원 은유'는 다양한 배경을 가진 아이들이 정원사인 교사의 평등한 관심을 받으며 전체에 기여할 수 있는 시민으로 성장하여 더 좋은 정원, 다시 말해 '좋은 사회'를 이루어 나아가는 스토리를 만들어 나가는 데 유용하다.

　그렇다면 우리가 학교를 어떤 정원으로 만들어 나갈 것인가? 우리는 이 책에서 학교를 민주주의의 정원으로 만들어 나가자고 제안하였다. 그리고 그런 정원을 만들고자 하는 이유, 방법, 실천 전략에 대해 이 책에 담고자 하였다. 우리는 학교라는 정원이 크게 (1) 관계, (2) 교육과정과 수업, (3) 체제, 그리고 (4) 공간으로 이루어진 곳이라고 생각하고 이 책을 구성하였다.

## ● 학교 민주주의에서 왜 '관계'가 중요한가

먼저 이 책은 학교에서 '관계의 민주주의'에 대해 살펴보았다. 민주주의는 사람과 사람으로 이루어진 집단에서 구축되는 것으로, 관계는 민주주의가 작동하는 가장 기초적인 조건이라고 볼 수 있다. 관계의 민주주의는 학교와 같은 공론장에서 구성원들이 서로 긍정적 인정 관계를 맺고 상호작용하는 것이며 이를 통해 인간 존엄의 가치를 실현하는 것이다.김현경, 2015 이에 따라 1부에서 우리 저자들은, 교사와 학생이 학교의 구성원으로서 성원권을 갖고 있으며, 그들 사이의 상호 인정 관계에 따라 민주주의의 질이 결정된다는 것에 주목하였다. 어떤 학교가 민주적으로 운영된다면, 그 학교는 첫째, 한 학생도 소외됨 없이 집단의 성원으로서 소속감을 갖고, 둘째, 교사들이 이 학생들과 인격적으로 상호작용할 수 있는 문화를 구축하고자 노력하며, 셋째, 여전히 더 나은 민주주의 상태로 나아가기 위해 갈등을 겪고 있을 것이다. 여기서 갈등은 부정적 의미가 아니라 더 나은 발전을 위한 조건으로서 긍정적 의미를 지닌다. 이에 대해서는 1부에 자세한 사례가 나와 있다.

민주주의는 신뢰의 관계 속에서 뿌리를 내릴 수 있다. '정원 은유'에서처럼 학교에서의 구성원들은 서로 개인의 독특성을 인정받으면서도 조화로운 전체를 이룬다. 독특성을 인정받는다 함은 한 개인의 존엄성이 있는 그대로 인정받아야 함을 뜻한다. 이러한 개별성의 존중은 학교 민주주의가 작동하기 위한 필요조건이다. 사회의 더 큰 민주주의는 이러한 작은 민주주의 없이 결코 달성되지 않을 것이다. 그래서 학교 민주주의가 중대한 의의를 갖는 것이다.

한편 우리가 더 큰 민주주의를 지향하는 이유는 그것이 중요한 가치여서일 뿐만 아니라 우리에게 유익을 가져다주기 때문이다. 민주주의는 우리에게 시민으로서의 자긍심을 갖게 하며, 민주주의 사회의 일원으로서 자신감을 갖게 한다. 이러한 자긍심과 자신감을 지닌 사람들이 그 사회를 이룰 때, 모든 성원들은 좀 더 안전하며, 더욱 잘 살 수 있다. 그러기에 관계의 민주주의는 윤리적으로 지키기 어려운 것을 참아 가며 억지로 남을 믿는 태도를 기르는 것이 아니라, 모두가 더 행복할 수 있는 사회를 만드는 데 실로 유용한 것이다. 이에 학교에서 모든 개별 학생들이 평등하게 존중받을 수 있는 관계의 민주주의를 정착시켜야 한다.

학생들이 자신의 독특성과 개별성을 인정받을 수 있는 안전한 교실 분위기를 만드는 것은 학교 민주주의와 밀접한 관련이 있다. 안전한 교실은 어떤 곳일까? 안전한 교실은, 학생이 설사 자신의 취약한 점이라 생각되는 것도 크게 숨길 이유가 없는 곳이다. 모든 사람들이 그런 것처럼, 모든 아이들도 장점과 약점이 있다. 학생들은 교실에서 자신의 장점을 뽐내고, 그것을 자랑스러워할 수 있다.

그렇다고 해서 자신의 취약한 점이 드러날까 전전긍긍하고 걱정할 필요는 없다. 만약 그런 교실이 있다면 이미 민주적인 공간이 아니다. 그런 교실은 차별이 존재하고, 차별로부터 고통받는 학생이 있을 수 있고, 연대와 공동체를 깨는 곳이다. 그러므로 안전한 교실은 차별을 걱정할 필요가 없는 민주적인 공간이어야 한다. 이를 위해서는 관계의 민주주의가 다른 모든 민주주의 앞에 와야 한다.

## ● 어떻게 수업과 교육과정에서 민주주의를 실현할 것인가

2부에서는 이와 같은 질문에 답을 해 보았다. 물론 수업 시간에 다루는 모든 내용이 당장 민주주의와 관련되는 것은 아닐 수 있다. 과학 시간에 그림자를 가지고 지구와 태양의 거리를 잴 때, 민주주의가 꼭 수업 내용에 관련되어야 하는 것은 아니다. 그런데 수업 내용과 상관없이 수업 시간에 이루어지는 모든 활동은 민주주의와 깊은 관계가 있다. 모든 학생들이 소외됨 없이 성원권을 누리기 위해서는 수업에 참여할 수 있는 실질적인 권리가 보장되어야 하기 때문이다.

한 명도 소외되지 않는 수업이 왜 민주주의와 관련될까? 모든 학생의 학습권이 무시되지 않고 지켜지는 교실이 민주주의를 실현할 수 있기 때문이 아닐까. 한국의 급속한 경제 성장은 한국인들에게 유례없이 높은 생활 수준을 허락하였다. 이는 매우 다행스러운 결과이지만, 동시에 냉혹한 경쟁 질서를 구축하기도 하였다. 그

질서는 사회의 세포라고 볼 수 있는 교실에 그대로 스며들었다. 치열한 경쟁 사회에서는 승자와 패자 사이의 차별이 강하게 존재한다. 이러한 사회는 돈과 권력이 그 구성원을 지배한다. 다행히 교실은 상대적 자율성이 있어서 냉혹한 사회 현실이 그대로 반영되지는 않는다. 그렇지만 미래의 돈과 권력, 그리고 사회적 지위 차별을 암시하는 점수가 지배한다고 볼 수 있다. 점수와 등급은 화폐와 같은 교환 가치를 내포하고 있다.

학교에서는 수학을 잘하는 아이들이 있고, 못하는 아이들이 생긴다. 체육 시간에도 그런 것처럼 말이다. 누구나 잘하고 싶지만 잘 못한다고 해서 삶의 큰 '결함'으로 비쳐서는 안 된다. 체육 시간에 농구를 잘 못하는 아이들은 아쉬워하지만 그것 때문에 좌절을 겪지는 않는다. 또 농구를 못하는 것이 내 미래 삶에서 활용하게 될 능력의 교환 가치를 크게 잃게 되는 잠재적 '결함'이라고 생각하지는 않는다. 이는 미술과 음악 시간에도 마찬가지다. 또 시인이 되고 싶은 아이가 과학도 잘하면 나중에 과학의 신비를 시로 승화시킬 수 있다. 하지만 그 아이가 과학을 못한다고 해서 위대한 시인이 되기에 '결함'이 있다고 생각하지는 않는다.

자신이 잘 못하는 것을 크나큰 '결함'으로 생각하면 이는 긍정적 자아정체감 형성에 방해가 된다. 더욱이 결함을 넘어 그것을 '좌절'이라고 생각한다면 수학을 못했다는 사실은 성인이 되어서도 삶의 자신감을 떨어뜨릴 수 있다. 우리가 학교에서 아이들에게 이런 경험을 하게 한다면 그 역시 민주적이라 할 수 없다. 민주주의란 구성원들의 존엄성을 높여 주는 시스템이어야 하기 때문이다.

아이들에게 수학을 못해도 된다고 말하라는 것이 아니다. 수학을 잘할 수 있도록 잘 가르쳐 주고 분발을 요구하되, 수학을 못하는 것을 삶의 결함이 되는 것처럼 느끼는 교실문화를 만들면 안 된다는 것이다. 국어와 영어에서도 마찬가지다.

대신에 민주주의가 모두가 존엄한 사회를 지향하는 것처럼 수업도 그런 문화를 지향해야 한다. 자유롭게 질문하고, 서로 도와주고, 같이 집단 과제를 해결하는 수업을 만들어 가는 것은 민주주의의 잠재적 교육과정이다. 로버트 달은 민주주의는 유토피아라고 말했다. 그렇지만 그 유토피아에 다가갈 수 있다고 믿고 실천하는 것이 중요하다. 그는 이것이 유토피아의 기능이라고 말했다. 우리가 더 좋은 사회를 만들기 위해 유토피아 개념이 필요한 것처럼, 모든 아이들의 성원권을 존중하고, 나중에 모든 아이들이 품위 있는 삶을 영위할 수 있는 세상을 만들기 위해서는 끊임없이 '이상적인' 수업에 대한 이야기를 해야 한다.

수업에서 성원권이 중요하다면 교육과정에서는 '두터운' 민주주의가 중요하다. 우리가 민주주의에 대해 이야기할 때, 흔히 대의제 민주주의를 지칭하는 경우가 많다. 그러나 학교 민주주의에 대한 논의에서는 참여민주주의의 관점이 반드시 필요하다. 대의제 민주주의는 선거 과정과 같이 절차적 정당성을 둘러싼 이야기가 주를 이루지만, 참여민주주의는 사회정의 문제를 다룬다. 이와 관련하여 마이클 애플 교수는 피상적 민주주의와 두터운 민주주의thick democracy를 구분한다. 대의적 민주주의는 선거에의 참여 이상으로 논의를 발전시키기 어렵지만, 참여적 민주주의는 집단에 소속된 모든 구성원에게 스스로 민주주의를 지켜 낼 것을 요구한다. 물론 여전히 대의적 민주주의에의 참여조차 저조하여 사회적 우려가 남아 있다. 하지만 학교에서의 민주주의 학습은 이에 대한 참여를 포함해서 더욱 두터운 민주주의를 지향해야 한다.

두터운 민주주의는 학생들에게 비판적 사고력과 창의력으로 더 나은 세상을 만들기 위한 실질적 참여를 요구한다. 피상적 민주주의에서는 사회 시간에 차별을 극복할 필요가 있다고 가르치고 넘어가겠지만, 두터운 민주주의에서는 왜 차별이 발생하고, 그 차별로 고통받는 사람들은 누구이며, 우리 중에 누가 거기에 포함될 수 있으며, 차별을 극복하기 위해 우리가 어떤 실천을 해야 하는가까지 나아간다. 실질적인 행동을 취하는 데까지 나아가지 못한다면 참여민주주의라고 보기 어려울 것이다. 교사들은 민주주의의 핵심 개념을 학생들에게 잘 가르쳐 주어야 한다. 그런데 비판적 사고력과 실질적인 행동으로까지 나아가지 못한다면 민주주의의 핵심 개념을 가르쳐 주기 어렵다. 민주주의 개념 자체가 실천 속에 있고, 민주주의 자체가 다른 사람들과 공존하고 협력하는 법을 배우게 할 뿐 아니라 인권, 정의, 평등 등의 가치를 옹호하는 실천 속에 존재하기 때문이다. 오늘날 교사들은 민주주의를 이렇게 가르칠 수 있는 준비가 되어 있는가? 이 책은 이에 대해 성찰하고, 또 교사들이 어떻게 준비되어 있어야 하는지 밝히고자 한 것이다. 이에 대해서는 2부를 보기 바란다.

　위에서 살펴본 수업과 교육과정이 '민주주의를 위한 교육'이라면 체제 또는 시스템은 '교육을 위한 민주주의'이다. 다시 말해 민주주의 시스템은 제대로 된 교육을 잘해 보기 위한 조건이라 볼 수 있다. 이에 이 책은 학교 민주주의에서 왜 시스템이 중요한가에 대해 질문하고, 답하고자 하였다.

　이 책 3부는 다음과 같은 고민에서 시작한다. 공동체라고 주장되는 오늘날의 학교에 여전히 일방적 명령체계가 존재하며, 최고 관리자가 학교의 문제를 독단적으로 좌지우지하는 문화가 사라졌다고 자신할 수 없다는 것이다. 또 신뢰를 바탕으로 한 협력적 관계가 부족하고, 침묵의 카르텔, 외면하기 등의 관행이 여전히 강하게 남아 있다. 3부에서 우리는 이 문제를 해결할 수 있는 방법을 찾아 제시하고자 하였다.

　한국의 교직 사회는 개별주의와 관료주의가 결합된 독특한 특징이 있다. 먼저 교직 사회는 그 조직의 특성상 개인주의적 성향을 갖는다. 교사는 자신의 교실에서 타인의 간섭을 받지 않기 때문에 개별적인 특성을 띠기 쉽다. 이 때문에 교사들은 다른 조직과 다르게 협업 능력을 키우는 데 미흡했다. 이로 인해 교사의 고립적인 문화가 널리 퍼져 있다는 것은 한국이나 세계 어디서나 공통적인 현상이다. 이러한 교사 개별주의는 정부의 교육정책 효과가 말단까지 미치지 못하게 한다는 비판도 있다. 그런데 한국의 경우는 이러한 비판이 반드시 적실한 것은 아닌데, 한국의 학교문화에는 뿌리

깊은 관료주의가 존재하기 때문이다. 이러한 관료주의하에서 교사들은 행정 시스템의 말단에 위치하게 되었고, 교육에서의 자율성을 부여받지 못했다.

3부에서는 이에 대한 대안으로 분산적 리더십의 중요성을 강조한다. 학교장만 리더십을 발휘하는 것이 아니라 교감, 부장교사, 일반 교사 등 모두가 학교 조직의 구성원으로서 당연히 저마다의 리더십을 갖추어야 한다. 분산적 리더십은 학교 안의 민주주의를 촉진할 뿐만 아니라 효율적인 학교 운영도 가능하게 한다. 분산적 리더십은 구성원의 노력과 책임 분산, 그리고 공동의 노력을 강조하기 때문이다.

학교에서 민주주의 시스템이 자리 잡지 못한 것은 교사 영역만이 아니다. 학생들을 억압해 온 학교문화는 민주주의 시스템 구축에 역행하는 것임에도 많은 이들이 이를 당연시해 왔다. 그중 대표적인 것이 억압적 교문 지도다. 사실 교문 지도guidance라기보다 교문 검열inspection이 정확한 표현이다. 학생들이 학교에 첫발을 내딛는 교문에서부터 검열이 시작되는 것은 민주주의를 반쯤 죽이고 학교를 시작하는 것과 같다. 이러한 시스템은 일본과 한국 같은 권위주의 전통을 가진 국가에만 남아 있다. 교문에서 학생을 맞이하는 경우는 외국에도 많지만 검열하는 경우는 거의 없다. 가난과 범죄가 넘쳐나는 미국 도심 고등학교에서의 총기 검열은 매우 예외적인 사례일 뿐이다. 일본에서도 한국과 매우 유사하게 교문에서 지각, 교복, 머리 길이, 염색 여부 등을 검열해 왔다. 그러다가 1990년 한 고교에서 지각생을 막겠다며 교사가 정각에 맞추어 교문을 닫아 버린 바람에, 지각을 피하려 열심히 달려오던 여학생이 교문에 끼여 사망하게 된다. 이때는 물론 일본에서 체벌이 횡행하던 시절이었다. 이 사건을 계기로 일본에서는 억압적 교문 검열에 대한 사회적 논란이 일었다.

교문 지도에서의 학생 복장 검열은 일제 식민지배 시기의 군국주의 경험과 관련된 데다 1980대까지 이어 온 군사독재 문화도 이에 기여하였다. 일본 제국주의는 폭력에 순치되는 시민을 기르기 위해 학교에서도 병영의 문화를 그대로 적용하였다. 한국에서의 장기간 군사독재 역시 미래 시민인 학생에 대한 통제 원리로 군사문화를 사용하였다. 교문 검열은 이와 같이 역사적, 정치적 성격을 내재하고 있는 것이다.

다행히 한국에서는 혁신학교가 등장하면서 이러한 억압적 관행을 줄여 가고 있다. 혁신학교 교사들은 교문 지도와 같은 억압적인 학교문화와 체벌을 비인권적 관행으로 규정했고, 이러한 관행을 '교문맞이' 등으로 대체하였다. 학교에서 체벌과 같은 비인권적 관행이 없어진 것은 최근이다. 약 10년 전 혁신 교육감이 등장하면서부터다. 흥미롭게도 많은 학부모들과 교사들이 그 당시에는 체벌 금지조차 반대했다. 그럼에도 교사들이 혁신학교에서 억압적 관행에서 벗어나 공동체주의를 기반으로 학교 풍토를 만들어 왔다. 이런 측면에서 볼 때 혁신학교 운동은 학교 민주주의 운동과 다름없다.

3부에서는 혁신교육의 성장과 함께 학생자치를 통한 학교 민주주의 시스템이 어떻게 진화해 왔는지 밝히고 있다. 민주주의란 전

수함으로써 익힐 수 있는 것이 아니라 학교의 일상을 민주적으로 운영함으로써 익힐 수 있다. 학교에서 학생들이 경험하는 일상이 비민주적이라면 민주시민교육의 실현 역시 요원하기 때문이다. 학교에서 학생회 활동을 강화함으로써 학교 삶의 일상에서부터 평등하게 참여할 수 있는 시민적 존엄에 대한 자각을 이끌어 낼 수 있다. 이제 '선도부'라는 호칭으로 학교의 손발 노릇을 하던 예전의 학생자치회 모습은 사라졌다. 그리고 오늘날의 학생회는 학교가 마련해 준 축제, 체육대회 등을 기획하거나 진행할 때 어느 정도 목소리를 내고 있다. 그러나 대부분의 학교들이 여기에서 멈추는 것이 사실이다. 혁신교육과 함께 학생자치 활동이 매우 성장한 것은 사실이나 여전히 갈 길이 멀다. 3부에서는 우리가 얼마나 힘겹게 여기까지 왔고, 또 앞으로 어떻게 나아가야 할지에 대해 밝히고 있다.

학교에서 민주주의 체제는 이상에서 언급한 교사, 학생 영역과 더불어 학부모에게까지 확장될 때 완성될 수 있다. 그동안 학부모는 학교에 자원봉사자로 참여하거나 이기적인 민원인으로 여겨지곤 하였다. 지난 10여 년 동안 전개된 혁신교육의 전개를 통해 이제는 학부모가 학교의 주체로서 참여할 수 있도록 법률적, 제도적인 뒷받침이 이루어졌다. 물론 아직은 학부모가 학교자치의 핵심적인 교육 주체로 인식되기보다는 내 아이의 이익을 위한 교육활동의 보조적 지원자 역할에 머물기도 하고, 내 아이에 대한 과한 관심과 집중으로 때로는 교사들을 힘들게 하는 존재로 인식되는 경우도 있다. 3부는 학부모자치회 활동을 통해 내 아이만이 아닌 모든 아이의 학부모라는 정체성을 가지며, 학교교육과정을 포함해 학교 운영 전반에 걸쳐 공공적 관여자로서의 학부모 역할에 대해 밝히고 있다.

또한 이와 같은 답답한 현실에서 벗어나 새로운 학교 민주주의 시스템을 구축하기 위한 방법과 실제 실천 경험, 그리고 다른 모든 학교에서 함께 참고할 수 있는 전략을 제시하였다. 10여 년 동안의 노력으로 혁신교육을 통해 체벌을 금지하고, 학생인권조례를 만들고, 학부모회 등 학교자치제도의 초석은 놓았다. 이제 이 책이 그동안 어렵게 일구어 놓은 학교 민주주의 시스템을 한층 더 발전시키는 데 기여할 수 있기를 바랄 뿐이다.


● 민주주의에서 왜 공간이 중요한가

이 책의 4부는 학교 민주주의의 정원에서 '학교 공간'을 잘 가꾸어야 하는 것으로 보았다. 1960년대에 지어진 교실에서 한쪽 벽에 달린 커다란 칠판 앞에 그때와 별반 다르지 않은 모습으로 앉아 있는 아이들의 현실에서 민주주의 문제를 제기한다. 시대와 사회가 급변하고 교육정책 또한 숱하게 바뀌었지만, 학교의 물리적인 모습은 반세기가 넘도록 좀처럼 변하지 않았다는 점에 귀를 기울여야 한다.

다행히 최근 교육부에서조차 민주주의와 학교 공간을 연계해서 보기 시작했다. 교육부는 최근 보도자료(2019. 4. 26)를 통해 학교 공간의 주인인 학생과 교사가 주도적으로 공간을 변화시켜 나가는 공간주권의 관점으로 학교 공간 혁신을 바라볼 것을 제안하였다. 교육부는 또 "민주적 학교 공간을 조성하고, 학교에서 생활하는 학생과 교사들의 공간주권을 위해 노력하겠다"라고 밝혔다. 이러한 관심은 이 책이 이야기하고 있는 내용과 유사하다. 이는 혁신교육이 성장하여 아래에서 위로의 교육혁신에 기여한 결과라고 볼 수 있다.

공간은 물리적·심리적·상징적 공간 등 다양한 모습을 취하는데, 심리적·상징적 공간은 모두 물리적 공간과 깊은 관련성이 있다. 실제로 물리적으로 구분이 강한 공간은 심리적으로나 상징적으로 권위주의 성격을 띨 가능성이 높다. 이는 학교와 교실에서도 마찬가지다. 배질 번스타인에 따르면 교육과정과 수업에서 교사와 학생 사이의 경계가 얼마나 강하게 유지되는가는 공간에서의 경계와 관련이 있다. 공간 속에서 서로 분류되는 정도가 강하다 함은 서열이나 권력에서 구분이 명확히 나타남을 의미한다. 그래서 강한 분리를 토대로 하는 공간의 설계는 권력을 낳는다. 권위주의적 학교는 구성원들을 강하게 구분하고, 훨씬 더 위계적 공간을 만드는 경향이 있다. 꼭 그런 것은 아니지만 대체로 권위적인 공간 배치에서 수업도 일방적으로 일어나는 경우가 많다. 이럴 경우 교사의 학생 통제가 강화된다. 여기서 수업은 교사 주도적이고, 학생들의 목소리가 잘 반영되기 어렵다. 일방적 공간 배치가 언제나 나쁘고 협력적 공간 배치가 언제나 좋은 것은 아니다. 공간은 목적에 따라 설계하면 된다. 그렇지만 상호 존중하고, 협력하고, 열린 사고가 진작되고, 평등한 문화 안에는 끝이 열려 있고, 사람들이 서로 마주 보며, 위계가 분명하지 않은 공간이 있다. 이와 같이 공유와 개방의 문화를 가진 공동체에는 공유와 개방의 공간이 있다. 4부에서는 이러한 원리로 학교와 교실 공간의 재설계 방안을 제안한다.

4부에 나타난 운산초등학교의 사례는 왜 공간이 민주주의 교육과 깊은 관련성이 있는지 생생하게 보여 준다. 이 학교 교사들은 주체적 삶, 공감적 삶, 공동체적 삶을 핵심 가치로 삼고, 아이들이 직접 학교 공간을 바꾸어 나가는 프로젝트를 진행하였다. 이 프로젝트의 목적은 공간을 직접 사용하고, 공간에 직접 머무르는 아이들이 다니고 싶은 학교를 직접 만드는 데 있다. 이것 자체가 민주시민의 주도성을 키우는 것이고, 삶과 지식을 연계하는 것이다. 이런 프로젝트에 참여하는 아이들이 많아질 때, 나중에 시민으로서 자신의 공간, 지역사회의 공간, 민주주의라는 정치적 공간, 지구라는 인류의 공간을 민주적으로 조형할 수 있는 역량을 발휘할 수 있을 것이다.


## ●  결코 낭만적이지 않은 일, 민주주의의 정원 가꾸기

지금까지 이 책에서 우리가 어떤 이야기를 펼쳐 나갈 것인가에 대해 설명하였다. 리우와 하나우어2017가 집필하여 주목을 받은 책 『민주주의의 정원』에서 저자들은 정원을 낭만적으로만 보지 않았다. 그러기에 정원사의 역할이 매우 중요하다. 학교라는 정원의 정원사들은 이 책에서 말하고 있는 것처럼 무엇을 심을지, 정원을 어떻게 가꿀지를 결정하는 주체이다. 학교를 민주주의의 정원으로 가꾸기 위해서 교사들이 선택하고 결정하는 방식이 매우 중요하다. 이 선택과 결정에 따라 정원의 모습이 달라질 것이기 때문이다. 또한 정원사의 중요한 역할은 잘못을 바로잡는 일이다. 정원을 잘 가꾸려면 잡초를 뽑아내야 한다. "정원사들은 그들 스스로 정원을 가꾸고 잡초를 뽑는 일을 하지 않으면 그 누구도 이 일을 대신하지 않을 것이라는 사실을 잘 알고 있다"라는 저자들의 말은 깊은 울림을 남긴다.

나는 이 대목이 매우 중요다고 생각한다. 왜냐하면 학교를 민주주의의 정원으로 만드는 일은 낭만적이고 아름답기만 한 일이 아니라, 불확실하지만 결국 선택을 해야 하고, 어려운 결정을 내려야 하며, 정원을 해치는 것들과 싸우는 일이기 때문이다. 사실상 이러한 결정이 불확실하기 때문에 교사들이 전문가인 것이다. 전문가야말로 불확실한 상황에서 최선의 결정을 내릴 수 있어야 한다. 이 전문가들이 학교를 민주주의의 정원으로 만들어 나갈 때 모든 아이들이 저마다의 잠재력을 꽃피우고, 민주시민으로 성장할 수 있을 것이다. 이 책이 학교를 민주주의의 정원으로 만들어 나가는 데 한 줄기 햇빛이자 빗물이 될 수 있기를 바란다.

차례

| 1부 |

# 관계의 민주성

# 1장
## 민주적 관계를 가꾸는 정원, 학교

임미자

## ● 왜 민주적인 관계여야 할까

　민주주의가 화두가 되는 세상이 되었다. 보통 민주화라 일컫는 정치민주주의의 실현을 위해 투쟁했던 시대에서 세상이 변했다. 초등학생부터 나이 지긋한 분들에 이르기까지 민주주의에 대해 다양한 주장을 하고 있다. 교실에서 교사의 뜻대로 무엇인가를 정하려고 하면 농담처럼 비민주적이라는 학생들의 투덜거림을 마주하게 된다. 나이가 많다고 또는 지위가 높다고 마음대로 결정하는 이에게는 비난의 시선이 따라다니고 온전한 책임을 묻는다. 그만큼 우리 사회는 생활 속 곳곳에서 빠르게 '민주성'이 존재감을 드러내고 있다. 그런데 그 빠른 인식의 변화만큼 학교도 민주적일까?

　학교에도 민주주의 제도가 여러 가지 방식으로 뿌리를 내리고 있다. 학교운영위원회는 민주적 학교자치권을 열었다. 경기도교육청의 경우 학부모는 학부모회와 녹색어머니회, 어머니폴리스 등에서 조직적으로 활동하는 것이 일반적이다. 또한 학생자치회와 지역학생회도 투표로 선거하고 구성하며 운영한다. 특히, 어머니회와 학생회는 예산 운영권도 가지고 있다. 학교에서의 민주시민교육은 제도와 체제 면에서 민주성이 정착되고 있다. 그러니 이제는 '관계'에서도 민주적인지 생각해 볼 때이다.

교사들은 민주적인 문화와 수업에서 관계의 민주성을 고민하고 있다. 일례로 지난 3월 혁신교사실천연구회에서 만난 교사들이 나누었던 이야기이다. 지난해에 학생자치회를 정례화하고 민주적인 교사회의를 운영했지만 학생들 사이의 언어폭력은 줄지 않았으며, 학생회 활동도 타율적이라고 했다. 또한 어느 혁신학교 콘퍼런스에서는 수업 시간의 민주시민교육에 대해 토론을 하였다. 교사들은 모둠활동에서 역할 배분과 그에 따른 평가를 공정하게 하는 것에 대해 논의하였다. 특히 학생 모둠 구성에서 학생의 능력 차이를 고려하는 방법, 부진한 학생을 다른 학생들이 거부하는 현상, 모둠에서 학생의 역할 기여에 대해 어떻게 평가하는 것이 공정한가에 대해 갑론을박하였다. 교사들의 관심은 절차적 민주주의에서 생활양식으로서의 민주주의로 점차 그 폭을 넓히고 있었다.

민주주의의 정원은 생활 속에서 민주적인 관계를 가꾸는 곳이다. 더불어 함께 살아가는 사회 속에서 인간은 근본적으로 관계적인 존재이다. 학교에서도 다양한 관계를 형성하게 되는데, 이를 어떻게 하면 민주적으로 가꿀 수 있는지가 중요하다. 이것은 학교가 민주주의의 정원으로 자리매김하는 척도가 될 것이다.

이 장에서는 학교 안의 다양한 관계성 유형들, 인간의 존엄성을 유지하는 교육 실현을 위한 관계의 민주성, 그리고 학교에서 실제 학교 구성원 사이의 관계성은 무엇인지를 살펴보고자 한다.

● 학교 안 관계성 유형

  학교를 찬찬히 보면 다양한 관계가 공존한다. 사람과 사람, 즉 교사와 학생, 교사와 학부모, 교사와 교사, 관리자와 교사 그리고 교장 리더십과 학교 경영 등의 다양한 관계가 있다.

  학교 공동체는 사람과 사물 또는 현상과 관계를 맺고 있다. 현상학적 측면에서 보면 혁신학교는 학교가 사회조직이라는 점에 주목하여 관계와 공동체를 중심으로 학교 변화 전략을 채택하였다.성열관, 2019 학교 공동체 속에서 구성원과 규범, 역할 등이 서로 어떤 관계로 맺어지는가에 따라 학교는 민주성과 역동성, 혁신성 등을 갖게 된다. 사람과 사물의 관계성은 공간의 민주성을 들 수 있는데, 이는 4부 '공간의 민주성'에서 다룰 것이다.

  관계의 문제는 학교 공동체에서 생활양식으로서의 민주주의와 깊은 관련이 있다. 학교 구성원 중 교사와 학생, 교사와 관리자, 교사와 학부모의 관계는 사람과의 관계이며, 이는 교사문화, 의결과정, 정서 등을 포괄하고 있다. 공동체의 구성원으로서 존중 여부, 공동체를 위한 노력, 민주적 회의 참여, 협력하는 태도 등 생활 속의 규범과 규율도 관계성을 갖는다.

학교교육은 인간 존엄의 가치를 지향한다. 교육에서 최고의 가치는 학생이 존엄한 삶을 살도록 함이다. 일례로 학교에서 행복한 교육을 강조하는 것도 인간이 행복한 삶을 살 권리 측면에서 존엄함을 유지하도록 하기 위함이다. 또한 자유와 평등 등 인간의 기본 권리를 누리며 살게 하는 것이다.

민주적 관계는 인간 존엄의 가치를 실현하는 상호작용이다. 인간은 그 자체가 목적인 존엄한 존재이다. 김현경은 사람은 사회(장소)에서 구성원으로서 성원권을 갖고, 타인과 인정의 관계를 형성하며, 사회가 그에게 자리를 만들어 주어야 한다고 하였다.[김현경, 2015] 사람은 사회에서 인간 존엄의 관계를 위해 첫째, 사회 구성원으로서 성원권을 가지고, 둘째, 상호작용하며 이를 위한 규범과 질서를 만들며, 셋째, 공론의 영역에서 때로 인정투쟁을 한다. 즉, 민주적 관계는 공론의 영역에서 인정 관계를 맺고 행위하고 말하며 상호작용을 하는 것이다. 이를 통해 인간 존엄의 가치를 실현하게 된다.

학교에서 관계의 민주성은 학교 사회의 상호작용에서 비롯된다. 김현경은 사회를 구조와 상호작용 질서로 구분하고 '사회구조'가 지위와 역할의 할당 및 자본의 분배와 관련이 된다면, '상호작용 질서'는 성원권의 인정과 관련된다고 하였다.[김현경, 2015] 학교 사회에서 교장, 교사, 학생, 학부모는 그 지위를 가지고 각각의 역할과 권한을 수행하는 한편, 학생 등 다른 구성원들과 상호작용을 한다. 상호작용이 만들어 내는 질서는 실생활에서 때때로 사회구조 측면의 지위와 충돌하기도 한다. 즉, 교장의 지위와 역할은 위계를 가지고 있지만 민주적인 관계의 상호작용은 수평적인 관계를 지향하면서 갈등하게 된다. 이때 관계의 민주성 정도는 학교 구성원들의 존엄성이 훼손되지 않고 공론의 장에서 상호 간의 권리와 가치를 상호 존중하여 결정하는가 또는 새로운 규범을 만드는가에 달려 있다.

민주적 관계는 사회적 연대 관계로 볼 수 있다. 문성훈은 『인정의 시대』에서 사회 구성원들이 동등한 권리를 갖는 경우, 서로 권리를 인정하고 동시에 실현하는 것을 상호 간의 의무로 여기면서 동시에 개인의 사적 이익을 추구한다고 하였다. 이는 상호 인정 관계로서 합일과 독립이라는 이중성을 지닌다고 지적하였다.문성훈, 2014 학교에서 관계의 민주성은 학교 구성원이 서로 권리를 인정하고 상호 의무를 다하는 것이 학교 구성원 각자의 행복 실현인 동시에 민주시민교육이라는 공동 목표 실현을 위한 사회적 연대 관계이기도 하다. 학교의 상호작용 질서에서 발생하는 갈등과 투쟁 상황을 풀어내는 데 학교 공동체의 사회적 연대 관계가 중요한 해법이 될 수 있다.

## ● 민주적 관계는 가꾸어야 한다

관계를 민주적으로 가꾸려면 상호 관심사의 인정 정도와 집단

사이의 상호작용의 정도가 중요하다.

듀이는 『민주주의와 교육』에서 '생활양식으로서의 민주주의'에서 갖추어야 할 요소 두 가지를 제시하였다. 첫째, 사회 구성원이 공유하는 공동 관심사의 수가 많고 그 종류가 다양해야 하며 사회 통제의 방법으로 상호 관심사에 대한 인정을 더욱 중요시 여겨야 한다. 둘째, 여러 사회 집단 사이의 보다 자유로운 상호작용과 사회적 습관이 변화해야 한다.

생활양식에서 민주적인 관계는 사회 구성원의 다양성과 이에 대한 인정 그리고 자유로운 상호작용으로 사회 규범 또는 규율이 변화할 수 있는 민주주의가 중요하다.서용선, 2013 학교 구성원 간의 관계를 예로 들면 학생자치회의 의결 과정에서 학생의 다양한 관심사를 교사와 학교가 어떤 방법과 어느 정도 수준으로 인정 관계를 맺고 있는지에 따라 생활양식으로서의 민주주의가 이루어진다. 또한 교사 집단과 관리자 집단의 상호작용에 따라 학교 공동체 형성 정도와 나아가 학교 혁신이 되는 정도가 다르며 그 상호작용으로 학교 운영에서의 민주성을 가늠할 수 있는 것이다.

민주적인 관계는 과정 지향적이고 경험에서 구성된다. 매 순간 삶에서 맺는 상호 인정 정도와 상호작용 관계에 따라 생활에서 민주성을 경험하게 된다. 교직원회의에서 교사가 보여 주는 입장과 관점에 따라 민주성은 달라질 수 있다. 교사는 때로 관계에서 민주적이지 못한 동료 교사, 관리자 등과 회의를 하면서 심리적인 상처를 입기도 한다. 담임교사가 학생과의 관계에서 민주적으로 학생들을 대했지만, 학생들의 방만하고 이기적인 행태를 접했을 때 분

노하기도 한다. 이는 상호 인정 관계에서 합일과 독립의 입장이 엇갈리는 경우이다. 여기서 민주적 관계로 정착되기에는 시간과 노력이 필요하다.

갈등 관계를 민주적으로 해결하는 경험이 쌓였을 때 이를 심리적으로 비추고 해석하며 재구조화하여 삶의 양식이 되는 경험으로 구성되어야 관계의 민주성은 확립될 수 있다.

## ● 폭력을 넘어 사람과 사람의 민주적인 관계를 위해

요즘 유행하는 말로 '인싸'라는 말이 있다. '인사이더insider'라는 뜻으로 각종 행사나 모임에 적극적으로 참여하면서 사람들과 잘 어울려 지내는 사람을 이르는 말이다. 이는 동류同流 그룹 안에 속하면서 그렇지 않은 친구에 비해 상대적으로 유리한 지위를 얻는 것이다. 이처럼 상징적인 폭력이 사람 사이의 관계에도 존재한다.

학교는 민주적인 관계를 가꾸는 정원의 역할이 더욱 부각되고 있다. 우리 사이에 존재하는 폭력성에서 벗어나 학교 구성원의 존재와 권리의 다양성을 인정하고 상호작용에서 생기는 갈등을 풀어가는 경험을 하는 공간이 학교이다.

호이와 미스켈은 학교의 갈등을 인지적 갈등과 정서적 갈등으로 구분하여 이해하는 것이 유용하다고 한다. 인지적 갈등은 과업, 정책, 자원에 관련된 문제를 중심으로 형성되며, 정서적 갈등은 사회 정서적 문제, 가치 및 집단의 정체성에 집중된다.Hoy & Miskel, 2013 갈

등의 원인을 유형화하는 시도는 꾸준히 이루어지고 있으나 구성원의 성격과 환경의 변화 등 다양한 요인이 복합적으로 작용하는 학교의 갈등을 효과적으로 관리하려면 상황에 따른 갈등의 원인을 심층적으로 이해해야 한다. 학교 구성원들이 갈등의 순기능과 역기능을 이해하고, 갈등을 긍정적으로 받아들인다면 '관계 민주주의'를 학교현장에 뿌리내리기가 한결 수월할 것이다.

학교에서 민주적 관계 형성에 일시적으로 실패해도 교육기관이기 때문에 다시 재개할 수 있고, 상대적으로 사회적 비용도 적게 든다. 공론의 장을 확대하고 유연한 사회질서를 만들어 가면서 민주적인 관계를 키우는 물질적이고 심리적인 공간으로서의 학교의 역할이 강조된다.

## ● 민주적인 관계를 가꾸는 학교현장

학교현장에서는 학교 구성원의 관계에 따라 어떤 모습으로 민주주의를 가꾸고 있을지를 다음 장에서 살펴보자.

먼저 '교사와 관리자의 관계'를 들여다볼 것이다. 학교 관리자의 지위와 상호작용 질서가 교차하여 생기는 관계성에 따라 운영되는 학교의 한 해 살이를 비교하고, 학교 구성원의 성원권과 민주적 공동체 형성에 대해 질문을 던진다.

다음으로 '교사와 학생 관계'에서 교실을 민주주의의 정원으로 가꾸기 위한 다양한 관심사의 인정, 유연한 사회 규율, 상호작용을 위한 노력을 콜버그의 정의공동체를 통해 살펴볼 것이다.

마지막으로 '교사와 학부모의 관계'에서는 협력 관계를 맺기 위한 관계 유형과 바람직한 사례에 대해 이야기할 것이다. 특히, '학부모와 교사의 관계 점검 체크리스트'를 제시하여 민주적인 관계를 가꾸기 위한 현장 교사의 전문성을 강조할 것이다.

교육적인 것에는 궁극적으로 민주적인 것이 내재되어 있고, 민주성은 교육 행위를 통해 자연스럽게 교육된다. 이제 학교에서 교육활동 중에 생기는 학생, 학부모, 교사, 교장 등 각각의 구성원들 간 관계의 민주성을 읽어 보고, 교육현장에는 어떤 문제가 있으며 그 문제를 해결하기 위해서 어떤 노력을 기울이고 있는지, 그 노력들은 민주주의라는 지향점을 향해 성장하고 있는지 함께 살펴보자.

# 2장
## 교사와 관리자, 그 가깝고도 먼 관계

조민정

● **교사와 관리자의 관계, 지금 이대로 괜찮은가**

일선 학교의 교사들에게 '학교생활 속에서 민주적, 비민주적인 순간을 떠올려 보라'는 질문을 던지면 꽤나 높은 비율로 제일 먼저 관리자와의 관계를 이야기한다. 그만큼 시대의 변화 속도에 맞지 않는 학교 안의 민주주의, 그중에서도 관리자와 교사의 관계에서 작동하고 있는 민주성의 발전 속도는 우리 사회 다른 분야의 발전 속도에 비해 상당히 느린 편이다. 교육과 관련한 느린 변화는 교육이 지닌 보수적인 특질로 인해 어느 정도 정당화될 수도 있겠지만, 교육에 종사하는 관리자와 교사의 관계에서도 그와 같은 느린 변화가 당연한 것으로 여겨져야 할까?

다행인 것은 시대가 변함에 따라 민주적인 의사소통 체계 확립의 중요성을 알고, 학교라는 조직 안에서 교사들과 민주적인 관계를 유지하고자 하는 관리자가 많아지고 있다는 것이다. 그러나 아직도 적지 않은 수의 관리자들은 교사를 같은 교육공동체 안에서 의견을 나누고 협력하는 동반자로 여기고 있지 않다. 우리는 이 숫자가 주는 의미를 눈여겨볼 필요가 있다. 이들은 교사를 자신의 부하 직원으로 여기거나 지시를 그대로 따라 업무를 실행하는 존재 혹은 일방적으로 관리하고 통제해야 할 존재로 여기는 경우가 많다. 이는 학교라는 집단 안에서 변화를 이끌어 내려 애쓰는 많은 관리자들의 발목을 잡고 있으며, 교사들 역시 이런 비민주적인 관계의 경험이 누적될수록 관리자에 대한 불신이 쌓여 가는 악순환이 계속된다.

　오랜 시간 동안 교사에 대한 이러한 관리자의 시선과 수직적인 학교 조직 문화에 익숙해진 교사들은 비민주성을 기반으로 한 이 관계의 일그러짐을 인지하지 못하고 있다. 설사 인지한다고 하더라도 대다수는 순응하거나 무관심하고, 포기하는 자세로 방관하는 것이 학교가 마주하고 있는 슬픈 현실이다.


## ● 민주적인가 비민주적인가, 작다고 여겼던 것들의 큰 차이

　학교가 민주성이 바탕이 된 교육공동체가 되기 위해서는 교장이 학교를 관리해야 한다는 과거의 생각에서 벗어나야 한다. 또한 교사는 수동적인 자세에서 벗어나 더욱 자율적이고 도전적인 자세로 변화를 수용하고 주도해야 한다.

　학교 공동체 안에서 관리자의 역할은 여러모로 학교 조직 문화에 꽤나 큰 영향을 미치기 마련이다. 학교의 전반적인 변화에서 교장이 미치는 영향이 크다는 사실은 그동안 많은 학자들에 의해 꾸준히 증명되어 왔다. 학교 안 관리자와 교사의 관계에서 발견할 수 있는 민주성과 비민주성은 다양한 사례 속에서 그 모습을 드러낸다.

여기 ㄱ학교와 ㄴ학교가 있다고 가정해 보자.

두 학교는 모두 수도권 내 신도시에 위치한 30~40학급 규모의 신설 초등학교이다. 신설 학교다 보니 주변 아파트의 입주에 맞춰 학생 수가 계속 늘고 학급 증설이 지속된다. 이로 인해 신규 교사가 몇 달 간격으로 꾸준히 발령을 받는다. 학기 중에 발령을 받은 신규 교사가 많다 보니 일정 부분 그들의 학교생활을 지원해야 할 경력 교사의 부담이 늘어 간다. 그러나 이 상황을 조정할 경력 교사 수는 충분치 않은 상황이다. 관리자 역시 이제 막 승진해서 관리자의 길에 들어섰다. 기본적인 조건이 같은 두 학교가 관리자의 가치관과 신념에 따라 어떤 길로 나아가고 있는지를 통해 교사와 관리자의 관계의 민주성에 대해 생각해 보자.

ㄱ학교의 교장은 관리자를 '모시는' 분위기의 일반적인 학교문화를 경험하며 정형화된 승진 코스를 밟아 교감을 거쳐 교장이 되었다. ㄱ학교의 교장은 부장교사 시절에 관리자의 의견에 반대 의견을 표현한 적이 거의 없으며, 학교의 평화로운 분위기를 위해서는 관리자의 의견이 존중되어야 한다는 생각을 지닌 채 근무하였다. 교감 시절에도 마찬가지로 교장의 업무와 학교 경영을 돕는 위치에 충실하였고, 이런 과정을 착실히 밟아 교장이 된 뒤 신설 학교에 부임하였다.

ㄱ학교의 교감은 교장 승진을 앞두고 있고, 교무부장을 비롯한 몇몇의 부장교사들은 승진을 위한 가산점을 얻기 위해 신설 학교에 지원하였다. 그러나 관리자가 쥐고 있는 근무평정의 점수를 비롯해 승진을 위해서는 관리자를 '모셔야' 한다는 분위기가 암묵적으로 퍼져 있다. 이는 부장교사들이 관리자의 합리적이지 못한 결정이 있을 때 이의를 제기하기 힘든 요인 중 하나로 작동한다.

교직원협의회는 정기적으로 열리나 대부분의 학교 행사와 교육 활동은 관리자의 취향과 의견에 큰 영향을 받는다. 모든 교사가 난색을 표해도 관리자가 하겠다는 의지를 표현하면 그만이다. 쉽사리 다른 의견을 내놓기 힘든 분위기에서 교사들은 침묵하는 것이 낫다고 생각한다. 표면적으로는 회의를 통해 의견을 모으는 민주적인 모양새를 취하나, 이면적으로는 이미 결정된 사안에 대한 구색 맞추기 식의 비민주적인 회의가 열리는 경우가 다반사이다. 이로 인해 결정된 사항에 대해 대부분의 교사들은 불만을 가지고 있다.

이는 교사들의 무관심과 학습된 무기력으로 이어져 합리적이고 효율적인 결과물을 내놓지 못하게 된다. 관리자는 좋은 결과를 위해 교사들을 독려하나 이미 비민주적인 의사결정 과정을 경험한 교사들은 관리자의 말을 귀담아듣지 않고 침묵하게 된다. 교사들에게 관리자는 업무상의 상사로만 존재하며, 관리자는 교사의 삶에는 무관심하다. 학교의 실무는 전적으로 교사들의 일이고 관리자는 그저 관리 감독만 잘하면 된다고 생각하기 때문이다.

ㄴ학교의 교장은 승진 자체에 의미를 두기보다는 학교문화를

바꾸는 것에 관심이 많다. ㄴ학교의 교장은 승진 과정에서 다양한 형태의 혁신학교를 거치며, 본인의 교육적인 신념과 가치관을 만들어 왔다. 일반적인 승진의 과정을 거쳐 관리자가 되었음에도 불구하고 관리자의 자리가 어떤 것인가에 대해 지속적으로 고민해 왔다.

ㄴ학교의 교장은 개교를 위해 자원한 경력 교사들을 중심으로 실무를 맡고 있는 교사들의 의견을 경청하는 것을 중요하게 여긴다. 무엇보다 합리적인 의사결정 과정을 만들기 위해 회의 문화 자체에 관심을 가지고 이를 발전시키기 위해 교장이 직접 나서 노력하였다.

교감 역시 이런 교장의 의지를 존중하여 스스로 학교의 실무와 더불어 교사들이 어려움을 느끼고 있는 일에 전적인 도움을 아끼지 않는 태도를 취하기 시작하였다. ㄴ학교는 긍정적인 에너지가 넘쳤고, 성원권을 가진 구성원들에 의해 의욕적인 학교문화가 조성되기 시작하였다. 관리자들은 교사들을 존중하며 늘 그들의 노고를 치하하고 고마움을 아낌없이 표현하였다.

한 방향으로 내려오는 수직적인 업무 지시는 좀처럼 발견되지 않고, 작은 결정사항도 회의를 거쳐 민주적으로 의견을 수렴한다. 관리자 사이에서 어느 정도 윤곽이 잡힌 일일지라도 부장교사 협의회에서 난색을 표하면 미련 없이 백지화하고, 처음부터 의견을 모아 차근차근 다시 시작한다. 모두가 의견을 내고, 모두가 결정하며, 모두가 결정된 사항을 이루기 위해 힘을 보탠다.

관리자는 교사들의 입장을 세심하게 파악하며 학교에서 일어나는 실질적인 업무에도 적극적으로 합류하여 직접 업무를 지원한다. 관리자의 역할은 교사들이 학교에서 아이들을 잘 가르칠 수 있는 환경을 조성하고 적극적으로 도와주는 것이라 생각하며, 본인들이 교사 시절에 경험했던 불합리한 상황을 만들지 않기 위해 애쓴다. ㄴ학교의 교장은 교사들에게 지시하기보다는 의견을 묻고 수렴하며, 각자의 다른 입장을 조율하고, 그 안에서 합의점을 찾아내는 것이 관리자의 역할이라는 인식이 강하다. ㄴ학교는 민주적인 학교문화의 조성을 위해 부단히 노력하고 있다.

위 두 학교는 겉으로 보이는 조건 자체에는 큰 차이가 없다. 그럼에도 불구하고 관리자의 역할로 인해 학교의 전반적인 분위기와 조직 문화는 시간이 갈수록 큰 차이를 보인다. 민주적인 관리자와 교사의 관계는 민주적인 학교문화의 정착으로 귀결될 수 있음을 보여 준다.

학교생활 중에 우리가 작고 사소한 문제라고 지나쳤던 비민주적으로 느껴진 모든 요소들이 비민주적인 학교문화를 양산한다. 관리자와 교사의 민주적인 관계는 교사와 학생의 민주적인 관계에도 영향을 미치기에 매우 중요하다. 학교를 민주적인 정원으로 가꾸려면 그 시작은 사람과 사람의 '관계'에서 출발해야 할 것이다. 학교의 한 해 살이를 통해 어떻게 민주적인 관계를 만들어 나아갈지 고민해 보자.

**2월-업무 분장을 시작으로 학교의 한 해를 준비할 때**

ㄱ학교의 교사들은 업무 분장으로 인해 갈등을 겪고 있다. 신설 학교의 특성상 분반이 거듭되어 안정적이지 못한 학교 분위기와 학급이 증설될 때마다 발령이 나는 신규 교사로 인해 교원 수급이 불안정하다. 이로 인해 경력 교사에게 업무가 지나치게 편중되어 있다. 교사 1인당 업무 부담률이 높음에도 불구하고 관리자는 교육청에서 하는 목적 사업들을 위해 수많은 계획서를 내고 예산을 배정받아 새로운 업무를 만든다. 교장은 일을 잘한다고 여기는 교사들에게는 지속적으로 업무를 몰아주고, 업무적으로 본인의 기준에 차지 않는 교사들에게는 비중이 적은 업무를 배치한다. 업무 배정에서 교사들의 희망 사항은 고려의 대상이 아니며, 업무를 효율적으로 처리하기 위해 교사들의 학년 배정까지도 관리자들이 직접 관여해 정해 버린다. 이에 항의하는 교사들에게는 업무 및 학년 배정은 관리자의 고유 권한이라며 선을 그어 버린다. 교사들은 업무 배정과 학년 배정에 본인의 의사가 반영되지 않자, 학기 시작 전부터 불만을 갖게 되고, 의욕을 잃는다.

ㄴ학교의 교사들은 업무 배정에 앞서 부장단 회의를 통해 업무의 경중을 어느 정도 평준화하는 사전 작업을 진행한다. 특정 업무가 과중해지지 않도록 업무의 형평성에 공을 들이고, 업무 희망을 받기에 앞서 관리자가 교사 개개인과 개별적인 면담을 통해 본인이 잘할 수 있는 업무와 희망하는 학년에 대해 예비 조사를 하여

업무 조정에 세심함을 더한다.

업무를 희망하기 전에 저경력 교사에 대한 배려를 해 주십사 관리자가 먼저 부탁의 말을 하고, 경력 교사들은 업무 배정표에 따라 업무를 지망한다. 한 업무에 둘 이상의 지원자가 나타날 경우에는 관리자의 동석 아래 협의 과정을 거쳐 조율한다. 교사는 자신이 원하는 학년과 업무에 모두 배정을 받지 못하더라도 그 결과를 받아들일 수 있다. 적어도 관리자가 내 의사를 존중하고 있으며, 소통을 통해 희망 사항과 실제 결과물 사이의 간극을 줄이기 위해 노력하고 있음을 알기 때문이다.

관리자는 분반과 증설로 인해 학교 분위기가 안정적이지 못함을 가장 우선적으로 보완해야 하는 과제로 삼고, 신규 교사 발령을 대비해 학년별로 경력 교사를 적절히 배치한다. 또한 멘토-멘티의 교사 관계를 통해 신규 교사를 이끌어 나갈 준비를 미리 갖춰 놓는다. 그 과정은 결코 쉽지 않다. 시간과 노력이 많이 드는 지난한 과정임에도 불구하고 업무의 효율성을 따지기보다는 실제 업무를 하게 되는 교사의 입장과 마음을 살피는 과정에 더 에너지를 쏟는다.

이로 인해 눈에 보이는 것보다 내실을 다지는 것이 우선이라는 인식이 학교 구성원들 사이에 자리 잡게 되었다. ㄴ학교는 시끄럽고 더디지만 끊임없는 소통을 통해 어느 정도는 만족스러운 결론을 내릴 수 있다는 믿음이 자리 잡기 시작하였다.

## 5월-다양한 교육활동을 통해 교육공동체의 역량을 이끌어 낼 때

ㄱ학교의 교장은 눈에 보이는 것을 중시하여 학교의 교육활동을 보여주기식의 행사로 운영하는 데 익숙하다. 그것이 본인이 학교를 잘 경영하고 있음을 직접적으로 나타내 주는 지표라고 생각하는 경향이 있기 때문이다. 그 과정에서 교사들의 의견은 큰 고려의 대상이 아니다. 어린이날, 어버이날, 스승의 날, 운동회, 각종 현장체험학습 등의 교육활동을 진행할 때, 교사들의 아이디어보다는 본인의 경험 속에 좋은 결과물이 있다고 생각한다. 가끔은 주변 학교의 교육활동 진행 과정과 결과물을 보고 좋다는 확신이 들면, 우리 학교의 상황에 맞지 않아도 그대로 모방하여 진행하기도 한다. 결국 학교의 대부분의 교육활동들이 과거의 방법을 답습하는 것에서 멀리 나아가지 못한다.

교육과정 속에 녹여 내지 못한 교육활동은 교사들에게 또 다른 업무가 되어 정작 교육과정은 파행을 거듭한다. 이 밖에 학교의 각종 행사는 국민의례를 비롯한 내빈 인사 등의 격식을 반드시 지켜야 한다. 행사의 의미보다는 멋지게 잘 치러 내는 데 주력한다. 학교의 교육활동을 기획하는 과정에서 교사의 의견은 좀처럼 수용되지 않는다. 교사는 위에서 일방적으로 내려온 업무 지시를 수행하며 교육활동의 의미를 찾기보다는 해치워야 할 일로 대하게 된다. 학부모와 외부 손님을 초청하고, 학교를 보기 좋게 꾸미며 화려함을 보여 주는 일련의 과정에서 교육적인 의미를 찾기란 쉽지 않다.

ㄴ학교의 교장은 각종 교육활동의 계획에 앞서 먼저 그 안에서

교육적인 의미를 찾았으면 좋겠다고 화두를 던진다. 교사들은 학년 협의회에서 자유롭게 본인의 의견을 이야기한다. 학년에서 기본적인 틀을 만들고 기획 협의회를 통해 전반적인 큰 틀을 짠다. 그 과정에서 교장과 교감의 역할은 서로 다른 의견이 충돌할 때 다양한 사고의 전환을 이끌어 내어 이를 조율하는 것이다. 자신의 의견만을 독단적으로 주장하는 경우는 없다. 관리자는 의견 조율의 과정에서 교사뿐만 아니라 학부모와 학생의 의견까지 폭넓게 듣고, 교육공동체의 다양한 의견을 전체적인 틀 안에 녹여내기 위해 최선을 다한다.

ㄴ학교는 교육과정 안에서 자연스럽게 다양한 교육활동과 행사가 진행되도록 계획한다. 또한 현장에서 직접 아이들을 지도하는 교사들의 현실적인 관점을 존중하고, 교사와 학생 그리고 학부모가 만족하는 지점을 찾아내는 데 노력을 아끼지 않는다. 이 과정은 결코 쉽지 않다. 지루한 시간을 견디는 인내가 필요한 데다 일부 교사들의 '그냥 하던 대로 하자'는 불만 아닌 불만을 감수해야 한다. 그럼에도 관리자는 소신을 가지고 추진해 나간다. 학교의 모든 교육활동과 행사는 교육적 목적에 맞게 소박하게 치르되, 진짜 배움이 일어날 수 있도록 세심하게 구성한다. 교사들 역시 자신들의 의견이 반영된 일련의 과정에서 주체적으로 움직이고 노력을 쏟는 데 망설임이 없다.


**12월-한 해의 마무리를 하며 서로 감사함을 표할 때**
ㄱ학교의 교장에게 있어 교육과정 평가 협의회는 자신의 이야기

를 교사들에게 전달하는 형식적인 과정에 지나지 않는다. 교장은 한 해 동안 본인의 뜻을 관철시키면서 매끄럽게 진행되지 못했던 부분을 집중적으로 이야기하며 이와 관련된 교사들을 간접적으로 비난한다. 그들이 한 해 동안 해 왔던 교육활동에 대해 부족한 부분을 강조하면서 말이다. 그 근거는 교장의 사견에서 나오는 경우가 많아 한 해 동안 열심히 아이들을 위해 노력한 교사들은 자존감에 상처를 입는다.

교사들은 협의회 시간에 침묵하며 일방적인 지시사항들을 의무적으로 메모한다. 그들은 어떤 의견을 내놓아도 받아들여지지 않을 거라는 무력감이 이미 학습되어 있다. '내년에는 이 학교를 떠날까?', '내년에는 어떻게 하면 이 업무를 안 할 수 있을까?'를 생각하며, 단지 이 지겨운 회의가 어서 빨리 끝나기만을 바란다. 협의회 말미에 교장이 원하는 교육과정 워크숍의 형태로 교직원 여행의 안건이 나오고, 불참할 시 유무형의 불이익이 있을 거라는 분위기에 교사들은 더욱더 침묵한다.

ㄴ학교의 교장은 새로운 형태의 교육과정 평가 협의회를 준비한다. 교직원들이 가장 편안한 분위기에서 자유롭게 의견을 나눌 수 있도록 회의장의 탁자 배치에도 세심히 신경을 쓴다. 협의 주제는 부장교사들과 의논하여 학년별로 사전 협의를 거치게 하였다. 협의회의 분위기는 수평적이고 민주적이다. 누구나 자신의 의견을 자유롭게 이야기할 수 있도록 작은 소모둠의 형태로 진행한다. 한 해 동안 좋았던 점, 아쉬웠던 점, 내년에 보완할 점 등을 편안한 분위기에서 이야기한다. 모두가 함께하는 마무리 시간에 관리자는

한 해 동안 고생한 교직원의 노고를 치하하며, 선생님들 덕분에 우리 학교가 이렇게 자리를 잡고 아이들이 행복한 학교가 되었다며 감사를 표한다.

협의회 시간에 나온 이야기들은 체계적으로 정리하여 모든 구성원들에게 공유하며, 차년도 교육과정을 설계하는 데 중요한 자료로 활용한다. 교사와 관리자 사이에 흐르는 존중의 분위기는 자연스럽게 친목과 화합을 위한 윤활유가 된다.


## ● 민주적인 학교문화를 위해 우리가 좁혀야 할 거리

대한민국의 일반적인 초등학교의 한 해 살이는 국가교육과정의 틀에서 보면 거의 비슷한 흐름으로 흘러간다. 세부적인 차이는 있겠지만 전반적인 학교의 운영과 교사들이 해야 하는 업무는 별반 차이가 없다. 두 학교의 사례를 통해 관리자-교사의 '관계 민주성'이 학교문화에 어떠한 영향을 미치는지 좀 더 구체적으로 생각해 볼 수 있었다.

또한 관리자의 학교 민주주의에 대한 인식이 어떤 식으로 체화되어 학교현장에서 발현되는지도 알 수 있다. 이는 현재의 학교 민주주의에 대한 깊은 성찰이 필요함을 말해 준다. 더불어 관리자의 역할에 따라 민주적인 학교문화가 어떻게 자리 잡을 수 있는지, 학교 안에서 살아가는 사람들의 관계는 어떠해야 하는지를 보여 준다.

관리자가 교사를 대할 때 부리는 사람, 지시와 명령을 그대로 이행하는 사람이라고 인식하는 것과 교사를 교육활동을 함께하는 교육의 동반자로 여기는 것 사이의 간극은 실로 엄청나다. 이로 인해 학교 조직 문화의 질이 결정될 수 있기 때문이다.

두 학교의 한 해 살이를 통해서 관리자와 교사들이 민주적인 관계를 형성하며 교육의 주체로 일할 때 교육의 과정은 알차고, 그 성과 역시 남다르다는 것을 알 수 있다. 민주적인 관계가 형성된 학교의 구성원은 마음가짐부터가 다르다. 민주주의를 민주주의로 작동하게 할 수 있는 힘은 사람을 사람으로 존중하는 마음이다. 이는 그 어떤 집단에서도 가장 큰 전제 조건이 되어야 할 가치이며, 학교도 예외가 아니다.

시대가 급변하고 있다. 급변하는 교육환경 속에서 학교는 민주적 관계 형성 및 민주적 학교문화를 위해 새로운 교육 리더십을 필요로 한다. 종래의 리더십이 효과적인 조직 활동을 위해 일관성을 유지하는 힘이었다면, 오늘날 리더십은 불일치와 모호함, 복잡함의 본질을 파악하는 통찰력을 말한다. 특히나 살아 있는 생명체와 같이 변화하는 교육환경에 대처하기 위해서는 시대의 위기 극복을 위해 조언, 개방, 변화, 감성, 소프트 리더십이 필수 요소가 되고 있다. 이에 교육 리더는 커뮤니케이션, 인간관계, 팀 구축, 위기 대처 능력 등 기본적인 자질뿐 아니라 모두가 공감하는 새로운 교육 리더십을 발휘해야 한다.김성규, 2015

김성규는 새로운 리더십으로 '따뜻한 교육 리더십'을 제안한다. 이는 관리자가 지향해야 할 리더십의 하나로 생각해 볼 수 있다.

또한 교사들도 스스로 주체가 되어 일어서는 '교사 리더십'이 필요하다. 모든 교사는 잠자는 리더십을 갖고 있다. 군림하는 리더십에서 '함께하는 리더십'으로 변화할 때 교사의 자아효능감은 높아질 수 있다. 교사 개개인이 보람을 느낄 때 교육은 더 오래 그리고 더 멀리 나아갈 수 있다. 학교 구성원이 각각의 리더십을 가질 때 민주적인 관계 형성 또한 더 쉽게 만들 수 있다.

민주적인 관계의 중요성에 눈뜨지 못한 관리자들이 교사와의 관계를 어그러뜨리며, 권위 세우기에만 급급해한다면 이는 미래교육에서 위험 요소로 작동할 것이다. 관리자와 교사가 민주적인 관계 속에서 서로를 존중하며 상호작용을 맺고, 동반자적인 관점으로 교육활동을 해 나간다면 우리 앞에 산적한 여러 교육 문제를 해결해 나가는 데 그 무엇보다 큰 힘이 될 것이다.

관리자와 교사의 관계를 개선하기 위해 무엇보다 중요한 것은 서로가 서로를 사람으로서 존중하고, 그 관계의 민주성을 구축하는 데 노력을 아끼지 않아야 한다는 것이다. 교사와 관리자의 거리, 그 가깝고도 먼 관계 속에서 우리가 바라보아야 할 지향점은 무엇인지 자꾸 질문을 던져야 할 것이다.

# 3장
## 교실을 민주주의의 정원으로
## 가꿀 수 있을까

손현정

----------● **지금 우리 교실의 모습은**

> 3월에는 선생님이 보여 줄 수 있는 가장 강한 모습, 선생
> 님이 가지고 있는 카리스마를 보여 주어야 해요.
> 첫날 기 싸움에 밀리면 1년이 힘들어져요. 아이들에게
> 틈을 주면 안 돼요. 첫날 그 모습을 그대로 쭉 밀고 나가야
> 해요.

3월 첫날 교실에서는 아이들과의 만남에 대한 기대, 설렘도 잠시
묘한 긴장감 속에 아이들과의 힘겨루기가 시작된다. 이 힘겨루기에
서 밀리게 되면 만만치 않은 아이들의 기에 눌리며 1년, 아니 그
학교를 떠나는 순간까지 힘든 학교생활이 지속되며, 교실은 통제할
수 없는 수준의 혼란이 온다는 것을 교사들은 잘 알고 있다. 이런
최악의 상황을 막기 위해 학기 초 교실 안에서는 보이지 않는 전쟁
이 시작된다. 교사는 자신이 가지고 있는 카리스마를 맘껏 뿜어낸

다. 짧은 시간 동안 교실의 평화를 유지할 수 있는 방법을 총동원해 아이들과 질서를 잡아 간다. 나름 평화로운 교실을 만들어 가는 것이다.

아이들과의 힘겨루기에서 성공한 어느 날, 교실의 풍경을 가만히 되돌아본다. 과연 이 평화로움은 아이들이 원하는 그리고 우리가 바라는 이상적인 교실의 모습이었던가? 천천히 하지만 거세게 회의가 밀려온다. 교실 속 아이들과 함께하며 드러나는 교사의 생각, 태도, 행동들은 조용히 아이들에게 스며들고, 어느 순간 그 모습이 아이들의 삶에서 고스란히 나타날 때의 긴장감이란 이루 말할 수가 없다. 그 모습이 우리가 원하지 않는 모습이라면 더더욱….

## ● 교실은 지금 민주주의의 꽃을 피우고 있는가

하루 중 아이들이 가장 많은 시간을 보내는 곳, 아침 9시부터 오후 5시까지의 교실 안은 작은 공간이지만 아이들의 삶에서 가장 많은 부분을 차지한다. 교실이라는 이 공간 속에서 아이들은 다양한 인간관계를 맺고, 다양한 갈등을 접하고 해결하는 법을 배운다. 이 공간 속에 스며 있는 민주주의는 앞으로 아이들의 삶에서 큰 부분을 차지할 것이다.

모든 교사들이 꿈꾸는 가장 이상적인 교실의 모습이 있다. 친절하지만 단호함을 지닌 교사가 있는 교실, 교사와 학생들이 서로를 존중하는 교실, 공동체에서 지켜야 할 약속을 함께 만들고 지켜 나가는 진정한 민주주의가 살아 있는 그러한 교실. 하지만 지금 우리의 교실에서는 친절함과 단호함, 규칙 준수와 존중이 조화롭게 공존하는 모습이란 쉽게 찾아볼 수 없다.

물론 이전의 교실의 모습과는 확연히 달라졌다. 과거의 교실은 통제를 바탕으로 한 일방적인 하향식 의사 전달 구조의 학급 운영이 대부분이었다. 하지만 변화하는 사회 속에서 교실 속 민주주의도 꾸준히 발전하고 있다. 학생의 목소리에 최대한 귀 기울이고, 학생의 자율성을 존중하는 학급 운영으로의 변화를 꾀하고 있다. 이런 학교의 움직임에 대해 대부분의 학교 구성원들은 공감하고 지지한다.

그러나 여전히 현실은 학교 민주주의에 대한 이야기를 꺼내기가 부끄럽다. 그 정도로 학교의 곳곳에는 크고 작은 비민주적인 모습들이 산적해 있다. 교사와 학생은 이런 변화를 머리로는 이해하며 충분히 흡수했다 생각하지만 실제 삶으로 돌아가면 다시 리셋되어 버린다. 이론은 머릿속에 형식적으로 머물러 있고, 삶에서는 행하지 않는 것이다. 누구나 알고 있지만 누구나 실천하기는 힘든 학교 민주주의, 우리는 왜 교사와 학생 사이에서 진정한 '관계 민주주의'의 꽃을 피우기가 이토록 어렵단 말인가?

### 선생님을 믿지 않는 아이들, 아이들을 믿지 못하는 선생님

이야기를 하고 싶어도 망설여져요. 혹시라도 예의 없고 부정적으로 보이지 않을까 하는 걱정도 있어요.

당연히 우리의 이야기를 잘 들어주고 믿어 주는 선생님이 좋아요. 그런데 우리가 어떤 결정을 하면 최종적인 결정은 결국 선생님께서 하세요. 우리 의견을 존중해 주셨으면 좋겠어요.

전달하고 전달받는 자들의 공간, 무엇인가를 제시하고 그것을 완벽하게 수행해야 하는 관계로 인식되는 곳, 과거에서 벗어나지 못하는 지금의 교실에서 학생들은 수많은 이해관계에 얽혀 쉽게 자신의 목소리를 내지 못한다. 수년간 교사와의 수직 관계에 익숙해져 온 학생들은 쉽게 변하지 않는다. 학생들의 무의식중에는 아직까지 어른들과 교사가 가지고 있는 힘에 대한 두려움이 조금은 남아 있는 것이다.

학생들의 학교생활 속 경험에서 나온 교사와 학교에 대한 불신도 큰 장애가 된다. 즉 교실 속 교사와 학생 간의 신뢰가 크지 않다는 것은 이들의 민주적 관계 형성을 막고 있는 큰 장애물이 된다.

학생들이 학교의 민주주의 교육에 대해 받아들이는 태도 또한 생각해 볼 지점이 있다. 교육과정에서 지속적인 민주주의 교육을 통해 이론적인 앎은 커져 있지만 이론에만 머물러 있다는 데 그 한계가 있다. 생활 속 실천에는 적극적이지 않은 학생들이 대부분이다. 이러한 학생들은 프로그램화되어 있는 학교의 민주주의 교육을 학습의 한 영역으로 생각하기 때문이다. 앎이 삶이 되고, 삶이 앎이 되는 민주주의 교육이 절실히 필요하다.

아이들은 그냥 본인이 좋아하는 이야기들만 쭉 나열하고, 마음에 들지 않는 결과가 나오면 무시하죠. 지금 현장에서는 아이들을 믿고 기다려 줄 여유가 없어요. 결국은 예전처럼 목소리를 높이게 되죠.
아이들과 대화 속에서 교실 속 민주적 관계에 대한 생각이 많아져요. 아이들과의 관계에서 어디까지 인정해 주고, 언제까지 기다려 줘야 하는지 모르겠어요.
익숙하지 않아요. 이런 관계를 책으로만 배웠지 이런 문화를 제가 학교 다닐 때 경험해 보지 못했거든요. 어디까지 잘하고 있는지도 모르겠고 확신이 들지 않아 힘드네요.

교사들 또한 학생의 소리를 듣고 함께하는 것에 대해 확실한 믿음을 가지지 못하고 있다. 변화의 필요성을 알고, 변화의 움직임을 느끼고는 있지만 대부분의 학생과 교사의 관계 민주주의는 제자리를 맴도는 경우가 많다. 민주적 관계에 대한 이해가 제대로 되어 있지 않은 학생들에게 교사의 작은 변화만으로는 우리가 꿈꾸는 이상적인 교실의 모습이 구현되기 어렵다. 여러 변화의 시도 속에서 나타나는 학생과의 갈등은 교사들을 쉽게 지치게 하는 요인으로 작동한다.

## ● 기다려 주지 않는 학교, 주변의 불편한 시선

교실에서 새로운 무언가를 시도하면 학급마다 다른 모습이 나타나잖아요. 짧은 시간 동안 눈에 보이는 변화가 쉽게 나타나지 않는데 그 과정이 항상 불안하죠. 주변에서 바라보는 시선들 때문에 이걸 그대로 밀고 가야 하나 아니면 그냥 편한 길로 가야 하나.

어떠한 변화든 새로움을 가져오기 위해서는 수많은 실패와 재시도가 있기 마련이다. 하지만 주변에서는 학교의 도전과 교실의 변화를 세심히 바라봐 주고, 천천히 기다려 주지 않는다. 특히 이 변화의 과정이 매끄럽게 흘러가지 않을 때는 불편한 이야기가 나오기 마련이다. '저 반은 항상 시끄러운 반, 말 많은 반', '학생들을 제대로 통제하지 못하는 리더십 없는 무능한 담임교사' 등과 같은 이야기가 들리기도 한다.

교사 한 명의 노력으로 학교는 바뀌지 않는다. 우리는 민주적인 학교가 되기를 원하면서 왜 학교가 변화하는 시간은 기다려 주지 않는가. 수많은 원인이 있겠지만 우리나라의 입시제도가 기다림을 막는 가장 큰 장애물일 것이다. 교사가 학생과의 '관계 민주주의'를 만들어 가는 과정을 찬찬히 들여다보기보다는 순간순간의 혼란과 결과로만 평가하려 한다. 그러기에 교사는 변화와 도전을 두려워하고 쉽게 포기하게 된다. 이래서 기존의 통제 중심의 학급 운영 방식으로 되돌아가는 선택을 하는 악순환이 반복되는 것이다.

## ● 교실을 민주주의의 정원으로 가꿀 수 있을까

교실을 아름다운 민주주의의 정원으로 가꾸려면 누구 하나가 아닌 교실과 연결된 모든 구성원들이 함께 변화하려는 움직임과 노력이 필요하다.

콜버그의 정의공동체 학교의 모습에서 지금 우리가 고민하고 있는 문제에 대한 해결 방향을 엿볼 수 있었다. 콜버그의 정의공동체로서의 학교는 참여, 배려, 책임감, 도덕적 역할 등을 발달시켜 학생들이 자신이 속한 집단의 여러 문제에 대해 주인의식을 가지고 고민하고 적극적이고 능동적인 모습으로 참여하며 도덕적으로 헌신하려는 데 목표가 있다.배한동·은종태, 2010 특히, 정의공동체 학교의 운영 기구들 중 공동체 회의community meeting와 규율 위원회 discipline committee 그리고 규율 위원회를 발전시킨 공정 위원회the fairness committee는 현재 우리가 교실 속에서 가장 많이 고민하는 학생 존중과 규칙 준수라는 두 가지를 잘 공존시키며 이상적인 민주주의를 실현할 수 있는 방법이 될 수 있을 것 같다.

물론 현재 우리나라에서도 이와 유사한 성격의 기구들이 운영되고 있지만 아직까지는 대부분의 학교가 형식적으로 운영하는 데 그치고 있다. 깊은 고민 없이 출발한 이들 기구에서 여러 문제가 지속적으로 나타나면서 학교현장에서는 불만의 목소리가 커지고 있다. 이런 제도가 정착되기 위해서는 각 학교에 맞는 구체적인 계획 수립과 기다림이 필요하다. 어떤 제도든 성공적으로 안착되기 위해서는 발생하는 문제점을 끊임없이 수정·보완하며 한 단계씩 성장해 가는 학교의 모습을 그리며, 포기하지 않고 기다릴 줄 아는 시간이 필요하다.

실제 콜버그의 정의공동체 학교의 경우도 교사들의 훈련 부족, 학력 저하, 운영상 문제로 인한 갈등으로 길게 지속되지 못하였다. 하지만 이를 통해 프로그램과 학교 조직을 통합시킬 수 있는 유연하고 실제적인 계획이 필요하다는 교훈을 얻었다. 이후 여러 학교를 통해 콜버그의 정의공동체 학교가 확산된 것을 볼 때 우리도 각 학교에 맞는 구체적인 계획과 기다림의 미덕이 필요하다는 것을 알 수 있다. 특히 현재 우리나라의 교육제도와 교실의 모습을 객관적으로 바라보고, 우리 앞에 산적해 있는 문제들을 하나씩 차근히 해결해 나가려는 노력이 필요하다.

학생과 교사는 서로에 대한 믿음과 존중이 있어야 한다. 교권이 무너지고 교실 붕괴가 일어나는 상황에서는 교사와 학생의 민주적 관계를 기대하기 어렵다. 서로에게 믿음이 없는 상태에서는 힘의 논리가 더 강하게 적용될 수밖에 없다. 학생은 교사와 함께 민주적 관계 안에서 민주적인 학급을 만들 준비가 되어야 한다. 형식적인 민주주의의가 아닌 삶 속에서 실행하는 진정한 참여민주주의를 만들려면 서로에 대한 견고한 믿음과 다양한 제도가 뒷받침되어야 이상적인 결과를 얻을 수 있다. 특히 교사에게는 '관계 민주주의'를 만드는 과정이 쉽고 간단한 것이 아님을 알고 포기하지 않는 자세가 필요하다.

현재 대부분의 교사는 자신의 학창 시절에 민주적인 학급, 교사와 학생의 민주적인 관계를 경험하지 못한 세대이다. 하지만 학생의 신분에서 교사로 넘어오는 과정에서 사회는 빠른 속도로 변했고, 자신이 누리지 못했던 교실 속 민주주의를 이제는 꽃피워 보고자 하는 간절함이 큰 세대이기도 하다. 학교 민주주의에 대한 갈증과 열정이 가득하지만 실제로 경험해 보지 못한 것들을 위한 변화는 어렵기만 하다. 이를 위해 이론을 습득하고 실천하는 것은 말처럼 쉬운 일이 아니다. 또한 지속적인 저항과 실패를 경험하다 보면 익숙했던 기존의 것으로 돌아가려는 유혹에 흔들리기 십상이다.

쉬운 길을 두고 어려운 길로 가려는 것에서 오는 불안함도 있지만, 교사는 학생에 대한 믿음과 변화에 대한 확신이 필요하다. 한 번의 큰 변화가 아닌 아이들의 작은 변화에서 희망을 보아야 한다. 교사가 지치지 않고 아이들과 함께 갈 수 있는 길을 찾아야 한다. 스스로를 믿고 가장 가까운 곳에 있는 동료 교사들과 이런 변화를 함께 시도해야 한다. 실패해도 나의 문제가 아니라는 자책에서 벗어날 수 있는 교육환경이 필요하다. 그 안에서 끊임없이 도전을 해야 한다. 교사의 힘으로 쉽게 교실을 통제하는 기존의 관계가 최선의 방법이 아니라는 것을 함께 보여 줄 수 있어야 한다.

교사와 학생이 민주적인 관계를 맺을 수 있는 환경을 만들기 위해서는 학교가 든든한 버팀목이 되어 주어야 한다. 민주주의는 혼란과 시끄러움을 이겨 내는 것이다. 기존의 틀을 깨지 않고서는 어떤 새로운 변화도 기대할 수 없다. 그 과정에서 나타나는 여러 잡음과 갈등을 학교는 적극적으로 풀어 나가야 한다.

학교는 교사를 탓하지 않고, 용기 있게 실천하는 이들에게 끊임없는 관심과 지지를 보내 주어야 한다. 교실은 실패를 두려워하지 않고 도전하는 공간이어야 한다. 이런 공간에서 열정을 가지고 있는 교사들이 지치고 포기하지 않는 환경을 만들어 주는 것이 학교의 진정한 역할이 되어야 할 것이다.

교실이라는 민주주의의 정원에서 민주주의의 꽃을 피우는 아이들, 이 아이들이 잘 자랄 수 있도록 교사는 하나하나 거름을 주고 물을 주며 충분히 때를 기다려야 한다. 각자의 시기에 각자 다른 모양으로 자라나는 아이들.

정원사의 조급함과 욕심에 과한 영양을 주고, 다그치고, 강제로 끌어내리려는 우리의 모습은 아이들을 바르게 자라도록 하는 것이 아니라 조금씩 망가뜨려 가는 것이다. 훌륭한 정원사는 아이들과 함께 신뢰의 관계를 만들면서 때를 기다리고 강한 비바람을 이겨내도록 돕는다. 그리고 학생을 하나의 인격체로 존중한다. 학교와 교실이라는 작은 사회에서 지켜야 할 것들을 잘 지켜 나갈 때 진정한 교실 속 민주주의는 실현될 수 있다.

쉽지 않은 과정이지만 결국 우리는 학생의 긍정적인 변화를 믿고 있고, 학생도 이를 원하고 있다. 그 속에서 아이들은 조금씩 성장하고 있다. 아이들의 어여쁜 목소리와 표정이 하나씩 눈에 들어온다. 언젠가 이 아름다운 민주주의의 정원에서 아이들이 예쁜 꽃을 피울 것이라는 믿음, 그 힘이 우리가 움직여야 하는 가장 큰 이유이다.

# 4장
## 교사와 학부모의 관계 가꾸기

이유미

2019년 5월 13일 교총에서 스승의 날을 앞두고 전국 유·초·중·고교와 대학 교원 5,493명을 대상으로 조사해 공개한 결과에 따르면, 교사 10명 중 9명 정도가 교원들의 사기가 떨어졌다고 생각하고 있다. 또한 교직 생활에서 가장 큰 어려움을 '학부모 민원'으로 꼽았다. 학부모와 교사의 관계가 이렇게 삭막해지고 서로를 불신하게 된 것은 참으로 가슴 아픈 일이다.

교사와 학부모가 서로를 불신하면 그 피해는 학교 구성원 모두에게 돌아갈 것이다. 학생들이 자신의 잠재력을 충분히 발휘하며 성장하기 위해서는 교사와 학부모가 상호 협력하여 이를 지원하고 환경을 조성해 주어야 한다. 교사와 학부모의 관계 성장을 위해서는 앞에서 언급한 듀이의 '생활양식으로서의 민주주의'의 핵심을 짚어 볼 필요가 있다. 이는 '공동의 관심사', '관심사의 수와 종류가 다양해져야 함', '상호 관심사에 대한 인정', '자유로운 상호작용', '사회적 습관의 변화'이다. 이것을 토대로 사고하고 실천한다면 학교가 좀 더 민주적인 정원에 한 걸음 다가갈 수 있을 것이다.

이 장에서는 교사와 학부모의 민주적인 관계를 위한 초등학교 상황을 중심으로 교사가 노력해야 할 부분에 대해 이야기하고자 한다.

## ● 가깝고도 먼 그대

교사가 학부모에게 신뢰받고 협력적인 관계를 만들어 간다면 그 혜택은 교육공동체 모두에게 돌아간다. 교사는 학교생활에 자신감과 효능감을 갖게 된다. 그래서 교육활동을 신명나게 해 나갈 수 있게 된다. 실제로 교사와 학부모 간의 상호작용이 교사의 효능감이나 행복감과 정적 상관을 가지고 있다는 연구 결과가 있었다.장한이, 2015 부모의 신뢰는 교사를 행복하고 든든하게 해 주며 큰 보람을 느끼게 해 준다. 학부모와 하나 되어 서로 소통하고 격려하며 따뜻한 마음을 나눈 경험이 있는 교사는 그 보람과 기쁨을 알 것이다. 교사는 나 혼자서 살얼음판을 걷는 듯한 두렵고 외로운 싸움이 아니라 함께 손잡고, 함께 울고, 함께 웃는 배움의 공동체를 만나게 될 것이다.

학부모와 학생이 느끼는 만족감과 행복도 매우 커지는 것이 당연하다. 담임교사를 신뢰하고 협력적인 관계에 있는 학부모는 어떤 걱정과 두려움도 없이 자녀를 학교에 보내게 된다. 자녀의 학교생활에 대한 즐거운 기대와 학교와 함께 만들어 가는 교육활동에 대한 만족감, 그리고 그런 학교 안에서 자녀의 성장을 지켜보는 기쁨을 맛보게 될 것이다.

학생은 교사와 학부모의 하나 된 모습 안에서 일관된 교육과 생활지도를 통해 바르고 안전하게 생활하게 될 것이다. 학교에서만 또는 가정에서만이 아닌 가정과 학교가 일관되게 지향하는 교육 비전 안에서 올바른 가치관과 생활 태도를 갖고 서로를 신뢰하는 어른들 속에서 좋은 교육 경험을 만끽하게 될 것이다. 서로의 신뢰 회복과 협력적인 관계를 위해 교사가 먼저 인식을 바꾸고 노력해야 하는데, 교사도 그동안의 경험과 상처로 인해 마음의 문을 닫고 있는 경우가 많다.

먼저 학부모와 바람직하지 못한 관계를 맺고 있는 교사의 유형을 살펴보면 다음과 같다.

첫째, 학부모와 완전한 단절을 희망하는 교사다. 학부모와의 소통 자체가 부담스럽거나 예의를 지키지 않는 등 소통이 되지 않는 몇몇의 학부모를 경험한 후 갖게 되는 관점이다. 심하게는 악성 민원에 시달려 본 교사, 자기 자식만을 생각하는 이기적인 학부모에 대한 불신 등으로 학급 아이들하고만 잘 지내고 교육하면 된다는 좁은 소견을 갖고 무관심으로 학부모를 대하거나 최소한의 관계만 희망한다. 교사는 학교에서 꼭 필요한 학부모회만 모집하고 학부모와의 소통을 차단한다. 이렇게 되면 교사는 그 아이를 둘러싼 주변 환경이나 가정환경, 개개인의 성장과정과 가정에서의 모습, 태도, 관계, 환경, 습관, 문제 등에 대한 배경지식 없이 학교에서만 보이는 모습으로 전체를 판단하고 교육하게 되며, 아이를 위한 든든한 지원군을 잃게 된다.

둘째, 학부모와 한 몸인 관계이다. 열정이 넘치는 학부모 몇몇과 끈끈한 관계를 유지한다. 요즘은 많이 사라지고 있으나 불과 5~10년 전에 많이 보이던 교사 유형이다. 자녀 교육에 관심이 많고 어떻게든 학교와 교사와 친밀한 관계를 맺고자 하는 학부모와 이러한 학부모의 호의를 당연하게 요구하는 교사의 생각이 만나 긴밀한 관계가 된다. 학부모는 학교에 대해 끝없는 헌신과 봉사를 하면서 지쳐 가고, 자신의 노력을 당연시하는 교사를 보며 학교에 대한 신뢰를 버리기도 한다. 노력한 만큼의 특별 대우가 돌아오지 않을 경우에는 학교에 등을 돌려 버리기도 한다. 교사는 몇몇의 학부모와 소통하며 그 외의 학부모와 아이들에게는 차별을 일삼는 형편없는 교사로 추락하고 만다. 내 자녀에게 조금이라도 나은 대우를 바라는 부모의 마음을 이해하고도 남지만, 학부모는 이제 시선을 내 아이에서 우리 반 아이들, 아니 우리 학교 아이들로 넓혀 가야만 한다.

셋째, 애매모호한 관계를 맺고 있는 교사들이 있다. 사실 많은 교사들이 이러한 딜레마와 어려움 속에 있지 않을까 싶다. 학부모와 소통하고, 만나고, 협력하는 관계를 희망하고 있으며 이것이 좋은 것임을 알고는 있다. 그러나 여러 가지 제약과 불편함, 혹은 지나친 배려로 적극적인 행동과 실천을 망설이게 되는 경우가 종종 있다. '이런 일로 바쁜 학부모를 학교에 오게 해도 괜찮은 걸까? 불편해하거나 싫어하지는 않을까? 이런 것을 함께 하고 싶다고 의논해도 괜찮을까?' 하는 마음으로 바쁜 학부모에게 시간을 내어 달라 요청하는 것에 대한 부담감이 있다. 또한 만나고 소통하는 데

드는 절차와 행정적 업무 처리, 준비과정이나 노력에 못 미치는 결과에 대한 걱정, 혹은 더욱 관계가 나빠질 수 있다는 두려움 등이 적극적인 행동을 망설이게 한다.

## ● 우리 다시 사랑할 수 있을까

학부모는 학부모대로 교사는 교사대로 각자의 상처와 선입견, 경험으로 인해 서로를 의심하고, 경계하고, 두려워하고, 심지어 배척하고, 서로를 경시하고 있다. 교사도 학부모도 모두 각자의 상처와 불신으로 상호 인정의 관계로 나아가는 데 어려움이 있다. 먼저 교사 스스로 학부모에 대한 인식을 바꾸고 점검하고 민주적인 관계로 나아가기 위한 노력을 시작해야 한다.

첫째, 가장 시급한 것이 학부모와 신뢰 관계를 형성하는 것이다. 학부모 불신의 가장 큰 이유 중 하나는 학부모가 아이의 학교생활을 직접, 매일 볼 수 없다는 점이다. 학교는 베일에 싸여 있다. 도대체 학교에서 긴 시간 동안 무엇을 배우고 오는지, 어떤 활동을 하는지, 친구들과는 어떻게 지내는지 학부모로서는 자세히 알기가 어렵다. 이야기를 잘 전달하는 아이는 미주알고주알 학교에서 있었던 일을 잘 전달하지만, 그것도 역시 아이의 눈을 거친 주관이라 전체를 그려 보기에는 명확하지 않다. 그래도 잘 전달하는 자녀를 둔 학부모는 나은 편이다. 그렇지 않은 아이를 둔 학부모는 다른 아이의 눈을 거치고 다시 친구 엄마의 주관과 판단이 들어간 학교의 이야기를 건너 건너 들을 뿐이다. 이쯤 되면 사실이 아니라 소설이 되어 있는 경우도 있다. 이렇게 여러 명의 필터를 거친 학교 이야기를 듣다 보면 학교에 대한 편견, 불신에 그치는 것이 아니라 내 아이에 대한 불신과 편견에 빠지는 불행을 겪게 되기도 한다. 교사는 이러한 상황에 놓인 학부모의 어려움을 공감하고 학부모를 배려해야 한다. 아이들에게만 잘하면 된다는 생각을 가진 교사의 인식이 개선되어야 하고, 교사의 관심사를 더 넓혀야만 한다. 또한 학부모와 소통하려는 노력이 뒤따라야 한다. 학교생활의 다양한 정보를 제공하고, 학교의 모든 교육활동에 대한 학부모의 알 권리를 보장해야 한다. 교사가 교육의 전문가라 할지라도 학부모에게 정기적인 의사 표현의 기회를 제공해야 하며, 학부모의 의견을 소중히 해야 한다. 다양한 매체의 장단점을 고려해 선정하고 이곳에 알림장이나 학급 활동 내용을 지속적으로 게시하며, 댓글이나 쪽지 등을 통해 쌍방향적 소통을 형성해 나가는 것도 좋은 방법이다. 그 외 학급소식지, 학급문집, 칭찬쪽지, 가정통신문, 문자, 이메일 등 다양한 방법을 적용해 본다.

둘째, 교사의 전문성과 철학에 대해 알리고 소통해야 한다. 교사가 추구하는 교육철학에 대한 전반적인 안내가 필요하다. 아동관, 교육관, 학습관 등 교사가 추구하고 있는 교육의 방향에 대해 설명하고 이를 실현하기 위한 1년간의 체계적인 학습계획, 학급경영계획, 생활지도 방법, 다양한 학교생활에 대한 안내를 하며, 동의를 구하고 추가적인 의견을 교환하는 만남이 반드시 필요하다. 이러한 안내와 설명은 학기 초에 집중적으로 이루어지는 것이 효과적이며, 일회성으로 끝나기보다는 적어도 분기별로 설명과 소통의 기회 마련을 위한 방법을 다양하게 생각해야 한다. 분기별 간담회, 학기 별 교육과정 반성회, 학년 말 대토론회 등을 통해 교육활동 전반에 대해 안내하고 학부모 의견을 반영할 수 있는 소통의 장을 마련해야 한다.

셋째, 학부모 상담, 공개수업, 평가 결과 통지 등을 활용해서 소통해야 한다. 교사는 학부모의 입장을 최대한 배려하여 상담 기간에는 저녁 시간, 주말을 활용해서라도 모두 만나도록 노력해야 한다. 학생 한 명 한 명을 정성껏 관찰하고 지도한 내용을 나누고 학부모와 함께 고민하고 방향을 세울 수 있는 귀중한 시간이다. 공개수업도 월 1회 또는 학기별 1회 이상 기회를 제공하고 수업 참관 후 느낀 다양한 소감문, 학생의 태도, 개선점 등을 제안할 수 있도록 한다. 평가 결과는 학생의 이해 정도를 객관적으로 그리고 즉각적으로 학부모에게 공지하며 이해하지 못한 부분이 어디이며 보충이 필요한 단원은 무엇인지 피드백에 초점을 맞춘 통지를 한다.

넷째, 학부모와는 자녀에 대한 좋은 이야기만 나누는 것으로 그치면 안 된다. 교사는 학생의 성취나 잘한 것을 나누는 것에는 적극적이나 학생 지도의 어려운 점, 학생에게서 관찰된 반복된 문제 행동 등에 대해 학부모에게 이야기하는 것은 피하고 싶어 하거나 두려워하기도 한다. 그래서 이러한 부분에 대한 학부모와의 소통은 매우 어렵게 되고, 학급의 또는 학생의 문제들을 덮어 두며 1년만 별 사건 없이 무사히 지나가기만을 바라게 된다. 이렇게 시한폭탄 돌리기를 하다가 어느 시점에, 어느 학년에서 터질지는 아무도 모른다. 학생의 문제행동을 말하는 것은 결국 교사의 자질 부족, 전문성 부족을 드러내는 것과 같이 느껴지고, '선생님이 우리 애만 미워한다'는 등 학부모의 오해와 불신을 낳게 될까 두려운 것이다. 또한 '그런 얘기는 처음 듣는다'며 인정하지 않는 학부모로 인해 소통의 벽을 느끼며 포기하게 되고, 결국 '아이니까 자라면서 철들고 나아지겠지.' 생각하며 홀로 견디게 되는 것이다. 교사는 어떻게 해야 하는 걸까. 아무리 힘들고 불편하고 어려워도 학생의 미래를 생각한다면 이것을 극복해야 한다. 교사는 학부모에게 학생에 대한 학교생활 정보를 꼼꼼히 제공하고 교육 방향을 함께 나눠야 한다. 이런 상황에서의 소통은 더욱 철저한 준비가 필요하다. 학생에 대해 세심하게 관찰한 누적된 기록을 근거로 학생의 현재 상태에 대해 학부모가 납득할 수 있도록 설명하는 것이 중요하다. 그리고 그동안의 지도 내용과 그 경과에 대해서도 설명한다. 이에 대한 학부모의 생각과 감정을 이해하고, 학부모가 원하는 지도 방향에 대해 묻고 대화한다. 지도가 필요한 부분은 반드시 학부모와 충분히 상의하며 함께 해결하는 것이 중요하다. 가정에서 혹은 학교에서의 지도 방법을 함께 결정하고 그 과정에서 수시로 소통하며 나아가는 것이 좋다. 힘들고 피하고 싶고 오해가 두렵지만 덮어 두는 것은 해결책이 아니다.

　마지막으로 아이에 대해 끊임없이 따뜻한 시선을 보내는 것이다. 교사가 부족한 부분이 보이더라도 내 자녀를 진심으로 아끼고 사랑하는 것을 학부모가 마음으로부터 느낀다면 학부모는 학교와 교사에 대한 신뢰를 버리지 않을 것이다. 교사는 아이 한 명 한 명을 개별적으로 살피고 격려하며, 따뜻한 분위기 속에서 사랑받으며 안전하게 생활할 수 있도록 최선의 노력을 다해야 한다.


## ● 온 마음을 다해

신뢰가 회복되면 자연스럽게 협력 관계를 만들어 가야 한다. 학부모와 협력적인 관계가 되려면 학교를 열고, 교실을 열어 학부모가 자연스럽게 학교를 방문할 수 있게 해야 한다. 학부모와 진정한 소통을 위해 수시로 대화하고 소통할 수 있는 창구를 마련해야 한다. 그리고 학부모의 교육활동 참여의 중요성을 안내하고, 참여를 위한 자세한 안내와 다양한 연수 기회를 확대해야 한다. 학부모의 역할 정립을 명확히 하고, 구체적인 참여 방법과 역할 수행을 안내해야 한다. 학부모의 다양하고 폭넓은 지식과 기술, 능력을 발굴해서 학교 교육활동에 함께할 구체적인 방안을 마련하고 자신감을 갖고 봉사활동에 참여할 수 있도록 해야 한다. 이를 위해 학교 차원에서 함께 운영하는 방안, 학년에서 혹은 학급에서 등 다차원적인 모든 방안을 모색하고 실천해야 한다. 이러한 노력을 통해 학부모는 학교를 신뢰하게 되고, 열린 마음으로 교육에 함께 참여하며, 내 아이만이 아닌 모든 아이들을 위한 보다 넓은 시야를 갖고 교육의 동반자로 함께하게 된다.

많은 교사들이 다양한 방법으로 최선을 다해 학부모와의 관계 개선을 위해 노력하고 있다. 두 가지 사례를 소개하고자 한다.

▶ 학부모와 함께하는 역사 스터디 모임

-○○초등학교 5학년 김○○ 선생님

역사 스터디 모임을 하게 된 이유는 무엇인가요?

5학년 아이들과 역사 관련 체험학습을 갔는데 체험학습을 의뢰했던 업체가 너무 성의가 없었습니다. 아쉬움이 컸기에 동학년 교사들과 반성회를 하면서 우리가 프로그램을 직접 기획하고 운영해 보자고 마음먹게 되었고, 학부모 공동체와 함께하면 더 적극적으로 잘 이루어질 것 같은 마음이 들어 시작하게 되었습니다.

역사 스터디 모임에 대해 말씀해 주세요.

2학기 역사 수업을 위해 1학기에 신청을 받아 1학기 매주 토요일마다 학부모와 함께 2학기 역사 체험학습과 관련된 공부를 시작하였습니다. 역사책을 선정하여 함께 역사 스터디를 하고, 미리 박물관에 2~4번 정도 다녀와서 동선을 짜고 역사 체험 프로그램을 만들었습니다.

역사 스터디 모임을 통해 얻은 것은 무엇인가요?

학부모들은 자신의 자녀는 물론이거니와 다른 아이들에게도 의미있는 역사 체험학습을 만들어 주고자 하는 의욕이 대단했습니다. 열정적으로 매주 참여해 주셨으며 함께 프로그램을 만들었습니다. 우리는 함께 교육활동을 만들어 가는 교육공동체라는 생각을 강하게 하게 되었고, 함께 준비하는 교사를 보면서 교사를 더욱 신뢰하고 학교를 진심으로 지지하게 되었다는 의견을 주셨습니다.

▶ 소나무(소통과 나눔이 무한한) 성장 프로젝트

- ○○초등학교 김○○ 교장 선생님

소나무 성장 프로젝트란 무엇입니까?

소나무 성장 프로젝트는 '소통과 나눔이 무한한 성장 프로젝트'의
의미를 담고 있으며 학부모와 함께하는 독서토론 모임입니다.

책모임을 통해 얻은 것은 무엇입니까?

학부모들은 학교의 모든 활동을 알게 되었고, 선생님들이 아이들
에 대해 어떤 생각이고 어떤 의도로 교육활동을 하는지 이해하게
되었습니다. 교장과 교사의 교육의 관점을 이해하게 되고, 독서모
임 학부모들이 다른 학부모들에게도 좋은 영향을 미치는 것을 알
게 되었습니다.

학부모와의 소통을 위한 교장 선생님의 철학은 무엇입니까?

첫째, 학부모와의 직접 소통을 위해 노력하고 있습니다. 학부모들
이 학교를 어려워하고, 내 자식에 대한 생각과 복종의 문화만이 존
재하는 것이 안타깝습니다. 교장의 직접적인 의지, 하고자 하는 방
향을 알리기 위해 직접 소통의 방법을 선택하게 되었습니다.

둘째, 다양한 프로그램으로 학부모를 초대하려고 합니다. 학부모
들이 치유, 상담, 자기계발에 집중할 수 있도록 엄마들이 좋아하고
필요로 하는 연수와 만남의 기회를 제공하고 있습니다.

셋째, 교육의 지속성으로 신뢰를 구축합니다. 전교생 이름 불러 주
기, 매일 아침 교문에서의 아침맞이, 학교장이 아이들과 함께하는

다양한 교육 프로그램으로 교육의 지속성을 보여 줌으로써 학부모와 신뢰를 구축합니다.

넷째, 민원의 직접적인 해결자로서의 교장이 되고자 합니다. 교장이 민원 처리 순서의 끝이 아니라, 처음부터 교장에서 시작합니다. 민원은 담임교사 선에서 처리할 때 많은 어려움과 한계가 있다고 보기 때문에 담임교사는 교육활동에 집중하도록 하고, 교장이 정책적인 면과 예산 문제 등을 폭넓게 고민하고 답변을 할 수 있다고 생각합니다. 민원을 제기한 분은 학교와 교육에 관심이 있고, 학교가 놓치고 있었던 부분을 상기시켜 주는 고마운 분으로 생각하고 답변을 한 번으로 끝내지 않고, 지속적으로 답을 주고 달라진 상황을 안내하고 만족하고 이해할 때까지 노력합니다.

그 밖에 소통을 위한 노력이 있다면 말씀해 주세요.
1학년 신입생 학부모들을 위해 소통의 시간을 많이 가지고 있습니다. 1학년 입학식이 끝나고 한 반씩 학부모를 교장실로 초대합니다. 자녀를 등교시키고 9시에 교장실에 앉아 두런두런 학부모들이 궁금해하는 모든 것에 대해 허심탄회하게 대화하고 답변하며 학교장과의 첫 소통의 자리를 통해 학교를 신뢰할 수 있는 기반을 닦고 있습니다. 또한 1학년 학부모 대상으로 한 반씩 집단 상담을 진행합니다. 1학년에 자녀를 입학시키고서 과도한 걱정에 시달리고, 두려움이 있는 학부모가 많습니다. 한 달쯤 자녀를 학교에 보내고 드는 생각들을 나누고 서로 이해하고 격려하며 나만의 문제가 아님을 공감할 수 있는 반별 집단 상담을 통해 함께 울고, 함께 웃으며 서로 든든한 관계를 만들어 갑니다.

  교사들은 억울하다. 기운 빠진다. 화장실 갈 새도 없이 아이들을 가르치고 최선을 다하는데 신문에 등장하는 몇몇의 파렴치한 교사와 학교의 모습으로 함께 형편없는 교사로 취급받고 평가받기 때문이다. 약간 과장된 표현이기는 하나 교사는 전 국민의 '공공의 적'이 되어 버렸다. 신문에 등장하는 그런 교사와 학교는 아주 극히 일부분인데 일반 교사들은 억울하다.

  반대의 경우도 마찬가지다. 이기적인 악성 민원으로 학교를 괴롭히고 교사에게 폭언 등 예의를 지키지 않는 소위 문제 학부모는 그 많은 학부모 중에 아주 극소수다. 교사 역시 학교에 한두 명인 학부모의 모습을 보고 학부모 전체를 판단하고 평가하고 불신하는 것은 아닌지 돌이켜 생각해 봐야 한다.

  학교와 교사를 신뢰하고, 교사의 작은 노력에도 진심으로 감사해 하고 신뢰를 보내는 학부모들이 사실은 대부분일 수도 있다. 그동안 서로에게 상처받고 힘들었던 일들을 가만히 들여다보고 나의 상처만을 크게 보며 마음의 문을 닫지 말아야 한다. 그렇지 않으면 그 피해는 고스란히 모두에게 돌아간다.

  학부모와의 민주적인 관계를 위해서는 무엇보다 교사의 의지와 전문성이 필요하다. 교사의 의지와 전문성을 스스로 자주 점검해 볼 수 있도록 자기평가서를 만들어 보았다. 문제가 있다고 느껴지거나 관계 개선을 위해 노력해 보고자 할 때 도움이 될 것이다.

학부모와의 관계 정립 자기평가서

| 영역 | 순 | 내용 | 1 | 2 | 3 | 4 | 5 |
|---|---|---|---|---|---|---|---|
| 교사의 의지 | 1 | 학부모와의 관계 개선에 대한 의지가 있나? | | | | | |
| | 2 | 학부모에 대한 신뢰와 믿음이 있나? | | | | | |
| | 3 | 학부모의 입장에 대한 이해가 충분한가? | | | | | |
| | 4 | 학부모가 학교를 부담 없이 방문할 수 있는 분위기를 조성했나? | | | | | |
| | 5 | 학생에 대한 충분한 관심과 사랑을 주고 있나? | | | | | |
| | 6 | 학부모와 충분한 소통을 위한 시간을 확보했나? | | | | | |
| | 7 | 학부모의 참여나 의견 제시에 대해 열린 마음을 갖고 있나? | | | | | |
| 교사의 전문성 | 8 | 교사의 교육철학과 비전을 안내했나? | | | | | |
| | 9 | 학부모와의 소통을 위한 계획을 세웠나? | | | | | |
| | 10 | 학부모와의 만남이 이루어지기 전에 충분한 사전 준비를 했나? | | | | | |
| | 11 | 학부모에게 교육활동에 대한 충분한 정보를 제공했나? | | | | | |
| | 12 | 학부모와 의사소통을 위한 기술이 있나? | | | | | |
| | 13 | 학부모의 의견을 존중하고 반영하기 위해 노력했나? | | | | | |
| | 14 | 학생에 대한 모든 부분을 학부모에게 알리고 지도 방향과 방법을 함께 모색했나? | | | | | |
| | 15 | 학부모의 학급 운영 참여 수준이 적절했나? | | | | | |

학부모는 학교 외부의 교육환경으로서 학생의 교육에 가장 큰 영향력을 발휘하는 존재이다. 그러므로 교사는 무관심하거나 비협조적인 학부모들의 적극적인 지원과 협력을 이끌어 내야 한다. 그리고 과도하거나 부정적인 교육열에 대해서는 적극적인 대화와 설득을 통해 바람직한 방향으로 나아가도록 격려해야 한다. 교사는 자녀 교육에 대한 학부모의 의견과 보호자로서의 권리를 존중하

며, 학부모가 자유롭게 교사와 상의하고 대화할 수 있는 여건을 마련해야 한다. 대화는 모든 관계의 기본 토대이며, 대화에서는 상호 간의 신뢰를 돈독히 쌓는 것이 중요하다.

학교는 배려적 인간관계망이 가장 훌륭하게 구축되어 있는 곳이어야 한다. 교육의 관점에서 진정한 배려가 되기 위해서는 배려하는 사람과 받는 사람 모두가 배려의 주체가 되는 것이 바람직하다.성열관, 2015 민주주의가 학부모-교사 간에 내재되어 있을 때 서로가 마음의 문을 열게 되고, 교육공동체의 동반자로 인식하여 모두가 하나 되는 학교생활의 희열과 행복을 맛보게 될 것이다.

# 2부

# 교육과정과 수업의 민주성

# 1장
## 학습자 주도성과 민주시민교육

조윤정

　미래 사회에는 '학습자 주도성'이 교육의 중요한 키워드로 부각될 것이다. 인공지능과 4차 산업혁명으로 인한 사회 변화로 인해 인공지능과 차별화되는 '인간' 고유의 특징으로서의 창의성과 주도성이 주목받고 있다. 세계경제포럼World Economic Forum[2015]에서는 인공지능 시대에 필요한 생존기술로 기초문해, 역량, 인성 자질 등을 제시하고 있으며, 역량과 인성 자질에는 주도성, 창의성, 비판적 사고, 의사소통, 협력, 도전정신, 적응력 등이 포함된다.

　학습자의 주도성이 중요한 또 다른 이유는 이전과 달리 사회 변화의 주기가 점차 가속화되면서 미래 사회의 변화를 예측하기 힘들기 때문이다. 또한 청년세대와 아동들은 기성세대와는 전혀 다른 가치관을 가지고 있다. 자라나는 미래 세대들은 기성세대가 만들어 주는 울타리 속에서 살아갈 수도 없으며 살아가지도 않을 것이다. 그들은 자신들이 바람직하다고 생각하는 가치를 구현하면서 자신들의 힘으로 새로운 세상을 만들어 갈 것이다. 그런 점에서 학습자의 주도성과, 주도성을 바탕으로 하는 실천력을 키워 주는 것

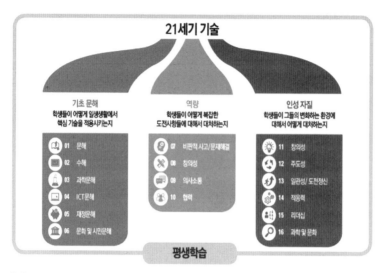

출처: World Economic Forum(2015), 유네스코뉴스(https://unesco.or.kr/data/unesco_
    news/view/741/504/page)에서 재인용.

[ 그림 1-1 ] 21세기에 필요한 기술

이 중요한 미래교육의 과제가 될 것이다.

　그렇다면 아동과 청소년들이 학습자 주도성을 갖추는 것은 민주
시민교육과 어떤 관계가 있을까? 민주시민교육은 학생들을 미래뿐
아니라 현재의 삶 속에서 시민으로 살 수 있도록 일깨워 주는 교
육이다. 민주시민교육의 특성상 머리로 이해하고 이론적으로 받아
들이는 방식의 교육이어서는 삶과 앎이 일치되는 민주시민으로 성
장하지 못한다. 이를 위해서는 실천 속에서 이론적인 부분이 정립
되고 이론적 바탕을 통해 실천력이 강화되는, 즉 이론과 실천이 변
증법적으로 통합될 수 있는 교육 방식과 관점이 필요하다. 결국 자
신의 삶 속에서 민주시민으로서의 가치와 철학을 내면화하고 실

천하면서 '민주시민'으로서 굳건히 성장하려면 어떤 사안에 대해서 자신의 생각을 명확히 정립하고 표현하며 실천할 수 있는 역량을 갖추어야 한다. 이는 민주시민교육의 철학적·실천적 토대는 학습자의 주도성일 수밖에 없다는 것을 의미한다. 학생들이 민주시민교육을 통해 학생 개개인의 고유의 생각을 바탕으로 정립된 의견을 제시하지 못하며, 자신의 판단에 터한 행동과 실천을 할 수 없다면 우리는 깨어 있는 민주시민을 기르는 것이 아니라 체제 순응적인 인간을 길러 내게 될 것이라는 점에서 민주시민교육에서 학생의 주도성을 갖추도록 하는 것은 중요한 과제이다.


## ● 주도성을 바탕으로 민주시민으로 성장하다

청소년들이 학습자의 주도성을 바탕으로 민주시민으로 성장한 사례로 의정부 몽실학교의 정책마켓을 들 수 있다. 몽실학교는 청소년이 스스로 만들어 가는 프로젝트를 운영하는 학교 밖 청소년 자치배움터로서, 장학사, 교사, 학생, 학교 밖 청소년, 마을 주민 등 지역의 교육 관련 주체들이 참여하여 만들어 가고 있는 마을교육공동체이다. 몽실夢實은 꿈이 이루어진다는 뜻으로 몽실학교의 청소년들은 청소년 스스로 삶에 기반을 둔 교육과정을 만들어 가면서 자신의 꿈을 실현하고, 그 꿈을 기반으로 지역사회에 기여하기 위해 노력하고 있다.

몽실학교 교육활동의 운영원리는 '청소년을 위한, 청소년에 의

한, 청소년의 지속가능한 운영'이다. 이러한 운영원리에 따라 학생들은 몽실학교 내에서 이루어지는 프로젝트 활동의 전 과정, 즉 기획, 실행, 평가 등에 걸쳐 청소년이 주도적으로 생각하고 실천한다. 각 프로젝트 모둠을 지원하는 어른 멘토의 역할은 아이들의 주도성을 이끌어 내고 지원하고 촉진하며, 지역사회의 필요한 인적·물적 자원을 연결해 네트워킹하는 것이다. 프로젝트뿐 아니라 몽실학교 운영에도 청소년들이 참여하고 있다. 몽실학교 운영 전반에 관한 사항을 논의하고 결정하는 교육자치회에 청소년들로 구성된 청소년자치회가 큰 비중을 차지하고 있다. 몽실학교라는 공간은 청소년의 주도성이 한껏 발휘될 수 있도록 청소년 스스로도 노력하고, 어른들도 청소년들이 스스로 의사결정을 내리고 그에 대해 책임질 수 있게 하면서 주도성을 최대한 이끌어 낼 수 있도록 지원하고 있다.

이처럼 마을 프로젝트 활동이나 몽실학교 운영 등을 통해 발현된 주도성과 자발성을 바탕으로 청소년들은 배움과 삶이 분리되어 있지 않다는 것을 깨닫고, 자치활동을 통해 갈등 해결의 경험을 하면서 시민으로서의 주체의식을 형성하고 있다. 프로젝트 활동을 통한 '주도적 배움'과 몽실학교 운영을 통한 '자치'를 경험한 몽실학교 청소년들은 2017년 10월 말 청소년들이 시민으로서 정책을 제안하는 정책마켓을 실시하게 되었다. 정책마켓[1]은 청소년들

---

1. 몽실학교 정책마켓에 대한 부분은 조윤정(2018)의 논문을 바탕으로 작성하였다. 정책마켓은 2017년부터 매년 실시되고 있는데 이 책에 실린 사례는 2017년에 실시한 내용을 바탕으로 작성하였다.

이 필요한 정책은 자신들이 만들겠다는 취지로 우수 정책 사례를 실질적 구매자(국회의원, 자치단체장, 교육청 관계자, 시의원 및 구의원, 시민단체, 관심 있는 시민 등)에게 판매하면서 정책 현실화를 촉진하는 정책박람회이다.

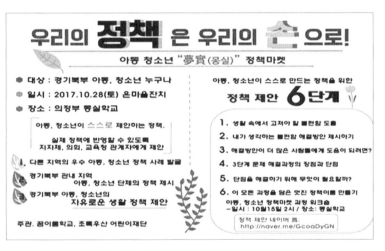

[ 그림 1-2 ] 2017년에 실시한 정책마켓 포스터

청소년들은 프로젝트 팀별로 토론을 해서 3차례에 걸친 정책마켓 워크숍을 통해 30개의 정책을 제안하였다. 정책마켓에 청소년들이 제안한 정책에는 학교 운영 주체 또는 시민으로서의 학생(청소년) 참여 관련 안건, 청소년 복지 및 안전 관련 안건, 교육제도 관련 안건 등이 포함되었다([표 1-1] 참조).

정책마켓은 정책을 만든 판매자가 몽실 정책마켓에 지역의 시의원과 도의원, 교육청 관계자, 시민들을 초청하여 청소년들이 만든 정책을 제안하면 정책 입안자와 정책 실행의 주체들이 의정활동과

[ 표 1-1 ] 정책마켓의 정책 제안 내용

| 영역 | 정책마켓 제안 내용 |
|---|---|
| 학교 운영 주체 또는 시민으로서의 학생 참여 | 지역별 몽실학교 구축, 학생의 학교 운영 참여 제도화, 청소년의회 활동, 18세로 선거법 연령 인하 등 |
| 청소년 복지, 안전 및 노동 | 통학로 금연구역 지정, 꿈e룸카드 청소년 전용 할인 체크카드, 학교 앞 자전거 스쿨존 구축, 학교 밖 청소년 안전 대책, 청소년 아르바이트 부당 대우 개선 등 |
| 교육제도 | 관내 중고등학교 지필고사 기간 통일, 생활기록부 간소화 정책, 필수 교육과정 축소 및 자율선택 과목 확대, 블라인드 입시제도, 대안학교에 대한 교육비 지원, 공립예술고등학교 설립 확대, 문이과 통합 자율 동아리 프로그램 확대, 교장 발령제 폐지 및 교장 선출제 등 |

정책 집행 과정에서 이를 추진할 수 있도록 정책 반영 계약서를 체결한 후 정책을 구매하는 과정으로 진행되었다. 경기도교육청의 교육감은 이 행사에 참여하였으며 정책마켓에서 판매하는 30개의 정책을 모두 구매하였다. 이후 경기도교육청의 관련 부서에서는 정책마켓에서 구매한 정책 실행 여부에 대한 피드백을 주고 앞으로 추진할 정책에 대해서 구체적인 추진 계획을 수립하였다.

정책마켓이 중요한 의미를 갖는 이유는 청소년들이 우리 사회와 자신의 삶에 영향을 주는 정책을 바꾸는 데 참여하고 실천할 필요성을 인지하는 수준으로 인식이 확장되면서 자신의 삶의 문제와 밀접한 것을 스스로 결정할 수 있는 주체로 설 수 있게 하였기 때문이다. 청소년들은 주도성을 바탕으로 자신의 일상을 바꾸는 '정치'에 참여하고 민주주의를 경험하면서 민주시민으로 성장하고 있었다.조윤정, 2018

한편 주도성에 대한 오개념이나 오해도 존재한다. 주도성을 개인의 의지와 행동의 고유성과 개별성만을 지나치게 강조하고 타인에 대한 배려와 협력은 고려하지 않아도 되는 것으로 이해할 수도 있다. 오로지 자신의 판단과 이해관계를 중심으로 타인과 만나고 세상을 바라보게 되면 소모적인 갈등을 불러일으킬 뿐 아니라 편협한 세계에 갇히게 된다. 그러한 측면에서 주도성은 개인만의 차원에 머물지 않고 공동주도성과 집단주도성으로 확산, 발전되어야 한다.

이러한 측면에서 OECD에서는 학생주도성student agency을 강조하는 만큼 공동주도성Co-agency 또한 강조하고 있다. OECD에서는 공동주도성을 학생, 교사, 학부모, 지역사회와의 상호작용을 통한 협력적 주도성으로 정의하고, 이러한 협력적 주도성을 바탕으로 효과적인 학습환경이 구축될 수 있다고 보았다. 이는 학부모, 동료, 교사, 지역사회가 한 학생의 주도성에 영향을 미치고, 학생 또한 교사, 동료, 학부모의 주도성에 영향을 미치는 선순환적 구조를 형성하기 때문이다.OECD, 2019

OECD에서 학생주도성에 대한 강조와 함께 타인에 대한 존중과 배려, 타자와의 소통과 협력을 통한 공동주도성을 강조한다는 것은 공동주도성의 태양 모델Sun Model에서도 드러난다. 태양 모델의 단계를 보면 청소년이 주도하는 단계(7단계)보다, 청소년이 주도하되 어른과 함께 의사결정을 하면서 공동주도성을 발휘하는 단계

(8단계)를 더 상위 단계에 두고 있다. 즉 이 모델에서는 함께 빛날 때 그 빛이 더 밝다고 하면서 공동주도성의 중요성을 환기시키고 있다.

출처: OECD(2019), p. 9.

[ 그림 1-3 ] 공동주도성의 태양 모델

공동주도성은 나아가 집단주도성Collective agency으로 발현될 수 있다. 집단주도성은 공동주도성보다 더 확장된 개념으로서 이주나 기후변화 등 세계화로 인해 발생하는 문제 등에 대해서도 공동으로 대처하며 공공선을 위한 활동에 참여하는 것을 일컫는다. 요컨대 개인의 주도성은 공동주도성이나 집단주도성과 충돌하는 개념이 아니며OECD, 2019, 오히려 개인 차원에서의 주도성 발현은 공공선에 기여하는 공동체성을 발휘하는 전제 조건으로 작용한다는 관점으로 학생주도성을 인식해야 한다.<sup>조윤정 외, 2019</sup>

학생주도성을 강조하는 것이 개인과 자유경쟁만을 강조하고, 공동체 속에서 시민으로서의 책임을 다하며 공공선에 기여하는 자세를 배제하는 것은 아니다. 개인의 선택권만을 강조하는 것이 아니라 자신의 주체성과 자발성이 중요한 만큼 타자의 주체성도 동일하게 소중하다는 것을 인식하는 것이며 이러한 서로 간의 상호 의존성과 실존의 의미를 확인하는 과정 속에서 공동체성이 더욱 공고해질 수 있다는 것을 명확히 할 필요가 있다.<sup>조윤정, 2018</sup>

# 2장
## 소통·공감의 인문독서교육으로
## 우리 교육의 희망 찾기

김수연

    얼마 전 가까운 지인의 가족이 모두 이민 길에 올랐다. 조금 느리고 소심했던 지인의 아들이 학교에서 수년간 친구들에게 따돌림을 받아 결국 건강에 이상이 생겼고, 희망을 찾기 위해 머나먼 타국으로 떠난 것이다. 남들과 다르다는 이유로 오랜 시간 학교에서 소외되었던 아이를 위해 부모는 교육환경에 변화를 주기도 하고 아이와 함께 상담 및 치료를 받으면서 고군분투했지만 결국 아이는 관계에 대한 두려움을 극복하지 못했다. 오랜 시간 동안 학교에서 친구들에게 소외를 당했던 아이의 마음은 위축되었고 결국 학교생활과 학습에 무기력해졌다. 교사로서 나는 지인의 아이에게 조금이라도 도움을 주려고 노력했지만 결국 건강에까지 이상이 생긴 아이를 안타깝게 지켜봐야 했다.

## ● 차별과 혐오문화로 멍드는 아이들

최근 학교 안에 혐오문화가 심각하게 나타나고 있다. 다양한 아이들이 함께 교육받고 있는 학교는 공공성을 기반으로 하여 모두에게 열려 있다는 점에서 평등해 보이지만, 실제로는 많은 차별이 존재한다. 아이들 사이에서 외모나 성격, 생각하는 방식이 나와 혹은 우리와 다르다는 이유로 욕설을 하거나 사회적 소수자를 빗대어 무시하는 말을 하는 것이 아이들의 문화로 자리 잡았다. '친하니까' 또는 '장난으로' 시작하는 아이들의 이러한 행동이 결국 피해 아이들에게 깊은 상처를 주고 때로는 심각한 학교폭력으로까지 이어지기도 한다.

무엇이 우리 학교문화를 이렇게 만들어 가고 있을까. 학교는 언제나 아이들이 그들의 개성을 발휘하고 전인적인 성장을 돕는 곳이라는 슬로건을 내세운다. 그런데 학교교육은 그렇게 이루어지고 있을까. 학교는 오랫동안 아이들에게 남들보다 잘해야 살아남는다는 경쟁을 부추기는 교육을 해 왔다. 학교교육은 아이들이 지닌 여러 능력 중 입시에 필요한 객관적인 학습 능력만을 중시해 오며 아이들의 다양한 모습을 존중하지 않았다. 경쟁에서 낙오될 수 있다는 불안감의 표출, 나와 다른 모습과 생각을 포용하지 못하는 마음의 '여유 없음'이 뒤범벅되어 우리 아이들을 이런 모습으로 내몬 것 같아서 씁쓸하다.

아이들은 학교에 오면 잠깐의 휴식 시간을 제외하고는 빡빡한 수업을 받는다. 수업 대부분은 분절적인 수업으로 이루어지고 있다. 또한 아이들은 교과서와 칠판을 번갈아 보며 수업을 듣는다. 때로는 협력수업을 통해 주변 아이들과 상호작용을 하기도 하지만 수업이 끝나면 깊이 있는 대화로 이어지지 못한다. 어른들은 아이들이 학교 안에서 지내다 보면 알아서 적응하고 공동체의 구성원으로 살아갈 수 있다고 생각한다. 이에 적응하지 못하는 것은 아이 본인의 문제 혹은 부모 교육의 부재 때문이라고 단정 짓기도 한다. 심하게는 많은 사람들이 학교나 또래 집단에서 소외되는 아이들에게 '뭔가 문제가 있으니 적응하지 못하겠지'라는 시선을 보내기도 한다. 이런 생각들이 타당하다면 학교는 고작 아이들이 모여 수업을 듣는 공간에 지나지 않는다는 결론에 다다른다.

인간은 강력한 나르시시즘을 갖고 태어난다. 타인과 함께 어울리는 법은 배워야 알 수 있다. 상대방을 존중하고 배려하며 나와 다른 모습과 생각을 인정하는 것은 교육을 통해서 배워 가는 것이다. 과연 우리 아이들은 학교에서 이런 교육을 받고 있을까.

학교 안에서 우리 아이들이 존중하고 배려하는 시민으로서의 교육을 받고 있는지에 대한 설문조사의 통계에 따르면전효선 외, 2008, "교실에서 사회생활에 필요한 질서와 규칙을 배우고 실천한다"라는 항목에서 한국은 18.4%의 학생이 "그렇다"라고 응답하였고, 프랑스는 64%, 영국은 54.3%가 응답하였다. 한국 학생들의 응답률은 프랑스, 영국의 1/3 수준밖에 되지 않는다. 또한 "교실에서 타인을 이해하고 존중하는 것을 배우고 실천한다"라는 항목에서 한국은 15.9%가 "그렇다"라고 응답하였는데, 이는 프랑스, 영국의 응답률인 60%에 한참 못 미치는 정도이며, 일본의 28.7%보다도 낮은 수치이다.

학교에서 존중과 배려, 다양성에 대해 꾸준히 교육받지 못한 아이들이 성인이 되어서도 낮은 시민성을 갖게 되는 악순환을 겪는 것은 당연한 결과이다. 우리나라의 오랜 역사를 통해 볼 때, 우리나라 사람들은 정이 많고 남을 배려하는 문화가 있다. 이는 과거의 대가족, 마을 중심 사회에서 존중과 배려의 가치 교육이 상당 부분 충족되었던 결과이다. 그러나 핵가족화되고 인간소외 현상이 심화되면서 아이들에게 학교 외에는 자연스럽게 타인을 이해하고 공동체에서 협력하는 이러한 가치 교육을 받을 수 있는 장이 없다고 해도 과언이 아니다. 물론 존중과 배려의 교육은 가정에서 일차적으로 이루어져야 한다. 하지만 학교교육에서도 그 역할의 중요성이 부각되고 있다.

## 소통·공감 교육을 통한 마음 밭 갈기

학교교육을 통해 학생들이 함께 소통하며 나와 타인이 다름을 인정하고 공감하는 배려윤리를 배우는 것은 중요하다. 배려윤리는 인간 사이의 상호 의존성과 연결, 관계성을 중시하는 '관계에 대한 윤리'로 서로가 서로에게 관심을 갖고 보살피며 책임 있게 반응하는 자세를 강조하는 것이다.나딩스·브룩스, 2018 이는 대화적 대화를 통해 경쟁보다는 협력, 차별보다는 인정을 위한 교육을 하는 것이다. 나와 타인에 대해 이해하고 대화하기 위해서는 서로의 삶을 들여다보고 마음을 여는 소통과 공감이 있어야 한다.

공감 능력은 자기 자신이 다른 이의 입장에 있다면 상황이 어떠할지 생각할 줄 아는 능력, 그 사람의 이야기를 지적으로 읽을 수 있는 능력, 즉 그러한 위치에 처한 이라면 가지는 감정, 소망, 욕구를 이해하는 능력이다.김광수·김경집, 2008 공감 능력 향상은 단순히 공감적 표현을 하는 것과 같은 의사소통의 기능을 습득하는 수준에서 저절로 이루어지지 않는다. 먼저 자기 내부의 자신을 향한 자아 공감이 충분히 완성되면 다른 사람에게도 마음을 열고 조율할 줄 아는 능력을 향상시킬 수 있다.

나는 학교교육에서 소통과 공감의 중요성을 느끼고 있는 교사 및 교육단체가 개발한 다양한 소통·공감 활동 도구들을 눈여겨보고 수업에 활용하고 있다. 소통·공감 도구 활용 수업에서 첫 단계는 영상, 그림, 낱말 카드 등의 도구를 사용하여 '나'를 온전히 이해하고 표현하는 것이다. 실상 아이들은 '나'에 대해 깊게 생각하고 표현하는 경험조차 충분치 않아 이를 힘들어하며 '타인'에 대한 깊이 있는 공감을 외면하거나 어려워한다. 명언 카드에 적힌 내용을 읽고 그 의미를 음미하거나 자기소개나 자신의 꿈에 대해 이야기할 때 자신의 상황을 빗대어 이야기할 수 있는 사진, 그림 자료 등의 매개를 활용하면 자신뿐만 아니라 상대방의 마음을 열기가 쉬워진다. 특히 아이들 스스로 좋아하는 글의 내용이나 사진을 게시판에 붙이거나 발표하도록 하면 서로를 깊이 이해하는 데 도움이 된다.

## ● 토론 수업을 통한 소통·공감 능력 씨앗 뿌리기

사실 학교에서의 소통의 모습은 질문하고 답하기 식의 선형적인 대화가 주를 이룬다. 이러한 활동은 아이들의 공감을 일으키기 힘들다. 긍정적인 언어로 존중하는 대화 기법을 통해 진정한 대화와 공감이 일도록 하는 것이 필요하다. 이를 위해 수업 주제에 따라 교사는 '왜 그럴까?', '만약에 ~라면 어떨까?' 등의 논의할 만한 적절한 질문을 던지면서 아이들끼리 충분히 토론할 수 있는 시간과 장을 마련하는 것이 좋다. 토론 수업에는 옳고 그름과 좋고 나쁨이 없다. 토론 수업을 통해 아이들에게 지적인 활동이 충분히 일어나는 것과 동시에 상대방의 입장에 대해 이해할 수 있는 기회가 생긴다.

또한 사회·문화적 혹은 도덕적 갈등 문제에 대해 각자의 입장을 정리하고 도덕적 딜레마 토론 수업을 해 보는 것도 좋다. 이와 같은 활동은 상대방과 유사한 도덕적 감정 상태로 쉽게 감정 이입하게 하여 풍부한 도덕적 정서를 경험할 수 있다. 공감을 반영하여 도덕적 딜레마 토론 수업을 진행하면 공감하고 배려하는 실천 능력을 높일 수 있다.김수본, 2018

나는 아이들의 공감 능력을 향상시키기 위해 색다른 수업을 계획해 보았다. 요즘 여러 교과에서 4차 산업과 관련한 내용이 무수히 많이 등장한다. 우리 반 아이들은 미래 로봇 관련 영화를 감상한 뒤 '인공지능 로봇의 등장과 영향'에 관해 토론하였다. '로봇이 인간의 역할을 대신할 것이다', '많은 직업이 사라질 것이다' 등으로 단순히 뉴스 기사를 통해 읽고 파악하는 데 그치지 않고, '인공지능 로봇 심장 전문의사와 일반 의사 중에서 누구에게 수술을 받을 것인가? 왜 그렇게 생각하는가?' 등의 확장적인 질문을 던졌고, 아이들은 저마다의 시선으로 의견을 펼쳤다. 아이들은 평소 막연하게 생각만 했던 미래 사회에 대해 상상해 보고 모둠별로 모여 자신의 의견을 정리하여 토론하였다. 이를 바탕으로 반 전체와 함께 토론하는 과정에 참여하면서 다양한 의견을 경청하고 다른 입장에 대해 이해함으로써 자신의 생각의 폭을 넓히고 공감 능력을 키워 나갔다.

　평소 찬반 토론에 익숙한 아이들이었기 때문에 자칫하면 수업 분위기가 자신의 의견만 고집하는 방향으로 흐를 수 있다. 나는 아이들이 서로의 의견을 경청하고 다름을 인정하는 분위기를 만들어 나갈 수 있도록 어느 누구의 의견에 동의하는 학생이 많은지 승패를 조장하는 분위기를 없애려고 노력하였다. 토론하는 과정에서 생각을 표현하는 데 서툰 아이들은 적극적인 공감의 표현을 할 수 있도록 '좋은 의견입니다', '동의합니다' 등의 문구가 적힌 공감 카드를 들어 보이면서 토론에 참여하게 하였다. 학습 내용의 깊이를 더할 수 있는 신문 기사나 논문의 일부를 제시하여 토론의 내용을 더 풍성해질 수 있도록 하는 것도 잊지 않았다. 마지막으로 아이들이 토론의 과정과 결과를 바탕으로 자신의 의견을 간단히 글로 작성하는 활동으로 마무리하였다.

공감 능력의 성장은 한 교과의 수업만으로 부족하다. 학교 공동체 모두가 소통하고 공감할 수 있는 문화를 조성하기 위한 노력이 필요하다. 동학년, 동교과 교사들과 또는 학교 밖 공동체와의 공식적, 비공식적 모임과 학습 공동체를 통해 토론 방법에 대해 논의하고 좋은 사례는 서로 공유하면서 소통·공감의 필요성을 공감하고 다양한 활동을 함께 만들어 실천하는 것이 매우 필요하다는 생각이 들었다.


## ● 공감 독서 활동으로 인문교양의 꽃 피우기


공감은 단순히 다른 사람과 같은 감정을 갖게 되는 것을 의미하는 것이 아니라 이성과 감성이 동시에 작용하는 섬세한 감정이다. 아이들이 다양한 삶을 간접적으로 경험할 수 있는 최상의 방법은 독서이다. 다양한 주제, 수준의 양서를 읽고 사유하고 토론하며 공유하는 과정을 통해 아이들의 세계는 넓어지고 깊어진다. 독서는 문자의 해독 과정을 넘어서 능동적으로 의미를 구성하는 사고 과정으로, 독자의 내면에서 일어나는 지적 사고 과정임과 동시에 상상력을 자극하는 창의적인 행위이다. 따라서 독서를 통해 아이들은 작가와 소통·공감하고 이후 토론의 과정에서 타인과 소통·공감할 수 있다.

평소에 나와 생각이 달라서 불편했던 친구들이 독서토론의 과정에서는 '다른', '독특한' 생각과 의견을 지닌 소중한 존재가 될 수 있다. 아이들은 이러한 '다름'을 통해 배우고 성장하기 때문이다. 다른 의견을 들어야 자신의 제한된 생각에 머물지 않고 시야를 넓힐 수 있다. 다름을 인정함으로써 나와 타인을 이해하고 존중하는 것이야말로 인간에 대한 이해, 즉 인문교육의 완성이다. 이를 실현하는 좋은 도구이자 과정이 독서와 토론인 것이다.

최근 교육과정 구성이나 수업에서 다양한 독서교육으로 독서의 중요성을 실천하고자 하는 학교와 교사들이 늘고 있다. 교육청이 추진하는 한 학기 한 권 읽기, 공감·공동체·성장 프로젝트 등 학교현장에서 독서를 통한 교육이 일고 있다. 그러나 무엇보다도 아이들의 '독서력(책을 스스로 꾸준히 읽고 완독하는 힘)'을 기르는 것이 선행되어야 한다. 요즘 스마트폰 사용에 많은 시간을 할애하는 아이들에게 문자와 종이로 된 책을 읽고 생각하도록 하는 것이 점점 어려워지고 있다. 짧은 흥미 위주의 영상들에 항상 노출되어 있는 아이들이 앉아서 책을 읽고 독서를 통해 정서를 공유하는 것은 생각보다 쉽지 않다.

학교에서 이루어지는 독서교육은 학생들의 공감을 이끌어 내기보다는 수업 시간의 일부를 책 읽는 시간에 할애하여 단순히 읽기 활동을 진행하거나, 학교 도서관으로 모두 이동하여 읽고 싶은 책을 읽게 하는 등의 활동에 머무르는 경우가 많다. 인터넷에서 쉽게 다운받아 쓸 수 있는 독서록 작성을 위한 양적 읽기가 아니라 단 한 권이라도 깊게 읽고 작가와 책의 내용에 공감할 수 있는 독서교육이 필요하다. 이를 위해서는 교사가 먼저 깊이 있는 공감 독서를 경험해야 하며, 이를 통해 아이들의 공감 능력을 길러 줄 수 있어야 한다.

평소 나는 독서를 즐기면서 독서의 필요성에 깊이 공감하였다. 그동안 독서를 통한 소통·공감 역량을 키우기 위해 독서 수업 및 교육활동을 해 왔는데, 그러면서 아이들에게 책 한 권을 끝까지 읽게 하는 것이 얼마나 힘든 일인지 알게 되었다. 여러 번의 시행착오 끝에 아이들이 책을 가까이할 수 있는 환경을 조성하기 위해 학급에 작은 도서관을 설치하게 되었다. 아이들의 수준과 흥미에 맞는 책을 구입하고 아이들과 동료 교사들에게 책을 기부받아 도서관을 채워 나갔고, 나중에는 아이들의 추천을 받아 구입하기도 하였다. 또한 학급에서 책 읽기를 좋아하는 아이들 스스로 도서동아리를 조직하도록 하여 대여·반납의 체계도 갖추고, 인기 도서 선정, 독서퀴즈, 책 나눔 등의 독서 이벤트를 하면서 아이들이 책과 가까워지도록 하였다.

그 후 나는 아이들이 책에 흠뻑 빠지는 경험을 할 수 있도록 독서 프로젝트 수업을 계획하였다. 교과서에 등장하는 짧은 글이 아니라 책 전체의 내용을 아이들이 읽게 함으로써 맥락적 읽기가 가능해지도록 하였다. 무엇보다 글의 배경과 주인공에 대해 이해하고 공감할 수 있는 도서 선정이 중요하였다. 내용과 깊이에 따라 다양한 교과의 융합이 가능하고 학습자의 읽기 수준에 따라 제작된 도서를 선정하였다. 글의 종류로는 소설, 수필, 시 등 다양한 장르를 활용할 수 있었다. 특히 시는 가장 함축적인 언어를 사용하는 예술이다. 말과 말 사이에 숨겨진 다양한 의미와 상황을 상상하며 읽을 수 있는 가장 좋은 텍스트는 문학이다. 시는 아이들의 내면을 함양시키고 상상력과 감정 능력을 길러 주는 좋은 도구가 되었다.

여러 독서 수업 중에서 아이들과 함께 호흡을 맞추며 공감 능력을 키울 수 있었던 것은 『안네의 일기』 수업이었다. 히틀러와 유대인의 역사에 대해 간접적으로 이해할 수 있으면서 일기 형식이라 주인공의 상황과 감정을 잘 들여다볼 수 있었기 때문이다. 책의 내용 이해를 위해 세계사 수업과도 연계하였다. 북 리포트를 제작하면서 아이들은 책을 읽으면서 떠오르는 질문을 적거나 내용을 요약하였고, 책을 읽고 난 후 자신의 생각을 정리하면서 공유하였다. 독서 중간에 나는 아이들이 생각해 볼 문제나 상황에 대한 질문을 던졌고, 아이들은 읽었던 내용을 바탕으로 자신의 생각을 자유롭게 적거나 발표하였다.

생각을 열고 마음을 여는 이러한 과정을 통해 아이들은 주인공의 상황과 다른 친구들의 의견에 공감하였고 이를 글로 표현하였다. 특히 기존의 독서 시간에 한 종류의 독후 감상문을 작성하던 획일적인 형태에서 벗어나 포스터, 기사문, 말하기, 편지글 등의 다양한 표상으로, 아이들이 선호하는 방식으로 작성하게 하였다. 마지막 활동으로 주인공의 입장을 이해하고 공감하기 위한 활동으로 '만약 내가 ~라면'을 주제로 글을 쓰고 내용을 공유하는 활동을 함으로써 공감 독서 활동을 마무리하였다. 타인이 처한 상황을 상상하는 힘은 공감이 작동하는 데 필수적이다. 주인공의 상황과 처지를 이해하는 것이야말로 공감 능력을 기르는 훌륭한 방법이라는 것을 느꼈다.

몇 주간 진행된 독서 활동을 통해 아이들은 책을 충분히 읽고 이해할 수 있었고, 독서 과정에서 팀원들의 의견을 공유하면서 이해의 폭을 넓혀 갔으며, 주인공이나 작가의 입장에서 생각해 봄으로써 공감 능력을 길렀다. 또한 다양한 방식의 평가를 통해 평가에 대한 두려움을 줄이고 자신의 기량을 마음껏 표현할 수 있었다. 수업 내용을 간단히 나타내 보면 다음과 같다.

[ 표 2-1 ] 독서 수업 활동

| 단계 | 수업 내용 | 차시 |
|------|----------|------|
| 독서 계획<br>(과목 연계) | - 제2차 세계대전과 히틀러의 등장, 유대인 학살에 관한 내용 이해 및 공유<br>- 팀별로 『안네의 일기』 읽기 계획 세우기 | 1~2<br>차시 |
| 독서 중<br>(활동 내용 이해) | - 차시별로 읽기 후 질문지를 만들어 묻고 답하기 진행<br>- 조별, 반 전체 공감 토론 진행 | 3~5<br>차시 |
| 독후 활동 공유<br>(작가 및 주인공에<br>대한 공감 활동) | - 읽은 내용을 바탕으로 자신의 생각 표현하기(요약하기, 안네에게 편지 쓰기, 안네 가상 인터뷰하기, 포스터 만들기, 뉴스 기사문 만들기) | 6~7<br>차시 |
| | - '만약 내가 안네라면' 공감 발표 | 8차시 |

8차시, 약 2주간의 독서 프로젝트를 통해 책 한 권을 끝까지 함께 읽었고, 책을 읽는 과정에서 '왜 그랬을까?' 등의 다양한 질문을 던지면서 책과 팀원들과 소통하였다. 많은 책을 읽는 것이 아니라 한 권의 책이라도 깊게 읽으면서 독서를 통해 삶의 가치를 함께 나누는 것은 아이들에게 깊은 울림을 주었다. 독서 수업을 진행하

는 동안 아이들뿐만 아니라 교사인 나 자신도 함께 성장한다는 것을 느꼈고 교사로서 자긍심을 느꼈다. 독서를 바탕으로 한 수업을 통해 아이들은 생각하고 소통하며 공감하는 힘을 길렀고 삶을 향유하는 방법에 대해서도 배워 나갔다.

많은 학교와 교육기관들이 소통과 공감을 비전으로 세우고 있다. 이를 말뿐인 비전이 아니라 실현 가능한 비전으로 만들기 위해서는 교육과정부터 수업, 학급 운영 전반에 이르기까지 어떻게 하면 아이들이 서로를 이해하고 존중할 수 있을지 다양하게 고민해야 한다. 소통이 곧 관계로 이어지는 중요한 발판이라는 것을 감안할 때 장기적으로는 초·중·고, 나아가 대학교에서까지 점진적으로 확장되는 소통·공감 교육에 대한 연구 및 교육과정 개발이 필요하다고 생각한다. 이러한 소통·공감 교육을 통해 아이들이 자신의 정체성을 찾고 타인을 이해하며 그들과의 다양한 인격적 만남이 이루어지도록 도움을 주어야 한다. 나를 이해하고 타인과 맺는 다양한 관계는 아이들로 하여금 올바른 정체성을 갖게 하고 다양한 삶의 생동감을 느끼게 할 것이다. 이러한 교육을 통해 더 이상 우리 아이들이 좌절감을 느끼지 않고 다른 나라가 아닌 우리나라의 학교교육에서 희망을 찾을 수 있는 날이 오길 바란다.

# 3장
## 수업의 변화가 민주주의의 시작이다

장영주

선생님들 모두가 숨을 죽인 채 영상을 뚫어지게 바라보았다.

영상 속에서는 열 살이 채 안 돼 보이는 한 남자아이가 수학 문제를 들여다보며 무언가를 썼다 지웠다를 반복했다. 교실 안 다른 아이들은 수학책을 들고 하나둘 선생님 책상 앞에 줄을 서기 시작했다. 선생님이 한 명씩 채점을 하는 동안 줄을 선 아이들은 친구들과 이야기를 나누고 장난도 치며 자기 순서를 기다렸다. 남자아이는 고개를 들고 친구들을 바라보다가 다시 수학 책에 코를 박았다. 무언가를 썼다가 "아니야"라고 혼잣말하며 다시 지우개로 지웠다. 선생님께 검사를 맡은 아이들은 삼삼오오 모여 놀이를 시작했다. 그중 한 아이가 다가오자 남자아이는 보여 주기 싫다는 듯 몸을 돌려 자신이 문제를 푸는 페이지를 가렸다.

나는 몇 해 전 서근원 교수의 '수업의 질적 이해와 실천'이라는 연수에 참여했다. 연수의 주 활동은 한 아이를 중심으로 촬영된 공개수업 영상을 시청하며 그 아이를 집중적으로 관찰하는 것이었다. 일반적으로 공개수업을 할 때 수업을 참관하는 사람들은 교사의 말과 행동에 집중하지만, 이 연수에서는 한 아이를 집중적으로 관찰하면서 그 아이의 눈으로 수업을 바라보았다. 우리는 아이의 말과 행동, 눈빛과 표정까지 세밀하게 관찰하며 수업 시간 중 아이에게 배움이 일어나고 있는지를 판단했다. 그리고 만약 아이가 배움에 어려움을 느끼고 있다면 수업에서 어떤 부분을 변화시켜 아이를 도울 수 있을지에 대해 이야기를 나눴다.

## ● 수업 소외를 어떻게 바라봐야 할 것인가?

3박 4일 동안 이루어진 이 특별한 연수를 통해 나는 수업 시간에 어려움을 겪는 여러 아이들을 만났다. 영상 속의 아이들을 관찰하고 선생님들과 이야기를 나누다 보니 자연스럽게 내 수업 시간에 힘들어하던 아이들 얼굴이 머릿속에 하나둘 떠올랐다. 수업 시간에 다른 아이들보다 관심을 갖고 격려를 해도, 방과 후 보충 지도를 해도 정규 수업을 따라오기 힘들어하는 아이들은 교실에 꼭 존재한다. 수업 시간에 뭔가 해 보려고 하다가도 어려움이 닥치면 금방 포기하는 아이들, 수업에 참여하지 않는 것이 습관이 된 아이들을 우리는 교실에서 항상 마주하게 된다. 교실에서 수업을 따라올 수 있는 '보통' 아이들이 아닌 아이들, 그 아이들을 위해

난 무엇을 했을까.

일반적으로 수업 시간 교사의 주된 일은 교과서의 지식을 학생들에게 효율적으로 전달하는 것으로 여겨진다. 그 과정에서 다양한 이유로 수업에서 소외되는 학생들이 자연스럽게 발생한다. 교사는 이러한 현상을 어떻게 바라봐야 할까. 어차피 학생들의 조건이 모두 같을 수는 없기에 그 차이를 인정하고 수업 소외를 어쩔 수 없는 문제로 받아들여야 할까. 교사는 학생들에게 적절한 수준으로 수업을 했고 나머지는 받아들이는 학생들의 문제니까 학생들 각자가 책임질 일이라고 생각해야 할까. 교사는 수업 외에도 학생 생활지도나 기타 행정 업무가 많기 때문에 그런 부분까지 세세히 신경 쓰지 못하는 것은 당연한 일이라고 여겨야 할까. 오래전부터 학교는 늘 그런 모습이었기 때문에 교사들조차 그것을 당연하게 여겼는지 모른다.

유독 우리나라에서 수업 시간에 딴짓을 하거나 자는 학생이 많다.성열관, 2018 다른 나라에 비해 학교를 중도에 그만두는 학생 수는 적지만 많은 학생들이 학교에서 의미 없이 시간을 보낸다. 사회에서 학벌이 중시되기 때문에 학교를 그만두지는 못하지만 학생들은 수업에 흥미를 갖지 못하고 별 의미 없이 학교생활을 한다. 오래전부터 우리나라에서 학교의 기능은 학생들의 성장과 발달이 아닌 입시와 선발에 편중되어 입시에 유용한 지식 주입에만 집중해 왔다. 교육과정은 학교급이 높아질수록 고난도의 지식으로 채워졌고 수업은 진도를 빼기 위한 강의 위주로 이루어졌다. 초등학교 고학년부터 학습 부진이 시작되고 수업에서 소외되면 중·고등학생이 되어 수업을 들어도 이해하지 못하는 상태가 된다. 이런 상황에서 겉으로는 수업에 참여하는 척하지만 속으로는 수업의 의미를 느끼지 못하고 마지못해 교실에 앉아 있거나 급기야는 수업 시간에 자는 학생들이 발생한다.성열관·이형빈, 2014

우리나라에서 벌어지고 있는 이 같은 현상의 배경에는 메리토크라시meritocracy 패러다임이 있다. 메리토크라시는 능력이나 실력이 뛰어난 사람들이 그렇지 못한 사람들보다 더 많은 부와 명예를 가지며 그러한 분배가 '정의롭다'고 정당화되는 사회질서를 말한다.장은주, 2018 이러한 사회질서에서는 경쟁을 통한 실력의 향상이 가장 중요하게 여겨지며 경쟁에서의 낙오는 개인의 책임이 되어 버린다. 그동안 우리나라는 급속한 경제 성장을 이뤄 냈고 삶의 수준을 높였지만 이 과정에서 메리토크라시가 우리 사회를 지배하게 되었고 그 질서에 교실도 영향을 받게 되었다. 메리토크라시적 교육 패러다임은 능력과 성적만을 중시하고 그에 따라 학생들을 대우하는 틀이 되었다. 이러한 분위기 속에서 학교는 입시와 선발을 위한 도구주의적 역할을 하는 곳으로 전락했다.성열관, 2018

우리가 꿈꾸는 사회는 구성원 모두가 동등하게 존중받고 자신의 권리를 누리며 타인과 더불어 행복하게 살아가는 '민주주의' 사회이다.Dewey, 1916 공교육의 역할은 이러한 민주주의 사회를 만들어 가고 발전시켜 나갈 민주시민을 기르는 것이다. 민주시민은 민주적 가치를 위해 자신의 목소리를 낼 수 있는 주체적인 사람들이다. 나와 타인의 다름을 인정하고 상호 존중하며 활발히 소통하고 협력할 줄 아는 지성인이다.김상현, 2017 이러한 민주시민의 자질은 책으로 가르칠 수 있는 것이 아니다. 또한 단기간에 민주시민을 기를 수도 없다. 민주시민을 기르기 위해서는 학교라는 공간 자체가 '민주적인 공동체'가 되어야 한다.정해일, 2009 학교교육의 주된 활동인 수업에서의 학생 소외는 학교를 모두가 존중받는 민주적인 공동체로 만들어 나가는 데 가장 큰 문제가 되지 않을까.

수업에서의 소외는 학생 개인의 존엄에 대한 문제, 배울 권리의 문제를 야기한다. 학교에서 차별과 소외를 경험한 학생이 자신에 대한 자부심을 가진 민주시민으로 성장하기는 어렵다. 또한 수업에서의 소외를 방치하는 것은 학교교육을 통해 학생들이 사회에서 살아가기 위해 필요한 지식과 시민적 역량을 배울 수 있는 권리를 박탈하는 일이다. 학교에서 존중받지 못하고 타인과 더불어 사는 방법을 배우지 못한 학생들이 어느 날 갑자기 사회에 나가서 민주시민이 될 수는 없다. 수업 소외가 없는 민주적인 공동체로서의 교실문화 형성이 학교교육에서 그 무엇보다 중요한 이유다.


## ● 협력학습으로 교실문화를 변화시키기

민주적인 공동체로서의 교실문화를 만들려면 학교교육의 주된 활동인 수업의 변화가 그 무엇보다 중요하다. 교실에서의 수업은 지식의 전달 과정에만 치우치지 않고 학생들의 자아실현은 물론 소외된 학생들의 참여를 높일 수 있는 전문적인 활동이 되어야 한다.성열관, 2018 미국의 심리학자 콜버그Kohlberg는 자기중심적이고 도구주의적인 교실의 질서가 학생들이 모두 인정받고 서로의 역할 기대가 긍정적이며 협동적인 방향으로 변화할 때 학습 패러다임의 변화가 일어날 수 있다고 보았다. 영국의 사회학자이자 언어학자인 번스타인Bernstein은 학생 참여의 긍정적인 변화를 위해 교실의 의사소통과 상호작용의 변화를 강조했다. 활동이론activity theory을 주장한 학자들은 상호 긍정적인 역할 기대를 할 수 있는 협력학습이 학생들의 학업성취도를 향상시킬 뿐 아니라 교실의 규범도 민주적으로 변화시킬 수 있다고 주장했다.[2]

위 학자들의 의견을 종합해 보면 민주적인 공동체로서의 교실문화를 만들기 위해서는 '학생 상호작용을 기반으로 한 협력학습'이 중요하다는 것을 알 수 있다. '협력학습'은 2명 이상의 소그룹으로 형성된 학습자들이 함께 학습하는 활동으로, 학습자들은 공동의 학습 목표를 달성하기 위해 언어적 의사소통을 기반으로 상호작용한다.주영주·고경이, 2016 학습자들은 과제를 공동으로 해결하고 이에 대한 평가와 책임도 공동으로 갖는다.고희성·김혜숙, 2013 '협력학습'은 학습해야 할 내용과 규칙이 분명하고 학습 목표보다 성공과 실패에 관심을 가지는 '경쟁학습'과는 다르다. 그리고 자신에게 주어진 학습 목표를 성취하기 위해 혼자서 공부를 하고, 오직 자신의 학업성취에만 관심을 가지며 다른 학생들을 위한 배려나 존중에 관여하지 않으며, 자신의 이익을 위해 스스로의 책임하에 학습하는 '개별

---

2. 민주적인 공동체로서의 교실문화를 만들기 위한 여러 학자들의 의견은 성열관의 「수업 시간에 자는 아이들 연구」(2018)에서 참고하였다.

학습'과도 분명한 차이가 있다.<sup>이상우, 2009</sup>

　　협력학습은 이미 여러 혁신학교에서 그 성과를 보여 주고 있다. 혁신교육을 지향하는 혁신학교는 학습자배움중심수업을 통해 학생들이 학교교육에서 소외되지 않고 참여와 소통, 협력으로 자기 주도적인 삶의 주체로 성장할 수 있도록 하는 것을 목적으로 한다.<sup>김현섭, 2013</sup> 그리고 이를 구현하기 위해 학교교육의 핵심인 수업 혁신의 일환으로 협력학습을 실천하고 있다. 혁신학교는 협력을 기반으로 한 수업의 변화를 통해 학생들의 학업성취를 향상시켜 나갈 뿐 아니라 학교의 문화 자체를 변화시키고 있다.<sup>강에스더, 2018</sup>

　　경기도교육청은 가정배경에 따른 교육 격차에 대한 연구를 시행했는데, 이 보고서에 의하면 혁신학교는 가정배경에 따른 교육 격차를 감소시키는 데 기여하고 있다.<sup>백병부·박미희, 2015</sup> 경기도에서 혁신학교로 2년 이상 운영된 고등학교의 기초학력 미달 비율은 2011년(9.9%), 2012년(9.1%), 2013년(7.8%), 2014년(6.0%), 2015년(5.8%), 2016년(6.9%)로 지속적으로 감소 추세를 보이고 있다.<sup>서민희 외, 2018</sup> 뿐만 아니라 혁신 중학교 학생들의 학업자아 개념, 내재적 학습 동기 등이 일반 중학교 학생보다 대체적으로 높게 나타났다.<sup>백병부 외, 2017</sup> 또한 경기도교육청 민주시민교육과에서 조사한 학교 민주주의 지수는 매년 혁신학교가 일반 학교, 혁신공감학교보다 높은 지수를 나타내고 있다. <sup>경기도교육청, 2018</sup> 협력을 기반으로 한 수업의 변화는 수업 주체인 학생들이 수업에서 소외되지 않고 능동적으로 수업에 참여하게 하며 교실을 민주적인 공동체로 만드는 데 기여한다고 볼 수 있다.

## 새로운 교실문화의 출발점은 함께 협력하는 교사로부터

어떻게 하면 혁신학교가 아닌 학교에서도 협력학습이 잘 이루어질 수 있을까. 나는 그 무엇보다 학생들을 가르치는 교사들이 협력의 문화를 만들어 나가는 것이 중요하다고 생각한다. 최근 몇 년 동안 협력을 기반으로 한 다양한 교수법들이 쏟아져 나왔지만, 교사들이 학교현장에서 협력학습을 제대로 구현하는 일은 쉽지 않다. 대부분의 교사들은 학창 시절의 권위적이고 경쟁적인 학교 분위기에서 민주적인 협력을 경험해 보지 못한 채 교사가 되었다. 교사가 된 후 학교현장에서도 협력의 문화를 경험하기 어렵다. 유의미한 협력의 경험이 없는 교사는 협력으로 이루어지는 민주적인 공동체의 가치를 제대로 이해하지 못할 가능성이 크다. 이는 교사들이 협력수업을 하려고 마음을 먹더라도 교수법으로서의 협력을 흉내 내기에 그치게 하는 결과를 낳을 수 있다.

혁신교육의 선구자인 사토 마나부[2011]는 교사들이 동료들 간의 협력을 통해 전문성을 신장시킬 수 있는 학교문화를 만들어야 한다고 주장한다. 교사들이 교실에 갇혀 자신의 경험만을 믿지 말고 동료들과 함께 자주적 연수나 비형식적인 연구회를 기초로 한 전문적인 연구 문화를 만들어야 한다는 것이다. 교사 간 협력은 정기적 또는 비정기적으로 교육활동에 관한 자료를 공유하거나 수업 개선의 문제를 해결하기 위해 도움을 주고받는 교사학습공동체 활동으로 이루어질 수 있다. 교사가 교실에서 하고 있는 교육활동에 대한 불안감, 학생의 변화를 예측할 수 없다는 점에서 오는 전문성 개발의 필요성 등은 동료 교사와의 연대와 협력으로 상쇄될 수 있다. 결국 동료들 간의 협력을 통해 성장하는 교사가 교실에서 협력학습도 효과적으로 구현할 수 있다는 것이다.

그렇다면 학교에서 교사학습공동체를 잘 운영하려면 어떻게 해야 할까. 2019년 경기도 새로운학교네트워크 '전문적학습공동체 설계 워크숍' 자료에 의하면 학교에서 교사학습공동체를 잘 운영하려면 다음의 몇 가지 사항에 주목해야 한다고 한다.

첫째, 공동체의 본질은 관계 맺기에서 시작하므로 교사들 간의 관계 형성을 우선시해야 한다. 매해 새 학기가 시작되기 전, 교사들은 함께 모여 교육과정과 교사학습공동체 운영에 대한 협의를 한다. 일반적으로 초등학교에서는 학년별로, 중·고등학교에서는 학년별 또는 교과별로 교사들이 함께 모여 협의를 시작한다. 이때 바로 업무 협의를 시작하지 않고 '명함 만들기' 등 교사들이 서로에 대한 이해를 높일 수 있는 활동을 해 보는 것이 좋다. 나이와 성별을 초월하며 매달 함께 즐길 만한 일을 찾아 '12달 버킷리스트'를 작성하고 실천해 봄으로써 1년간 돈독한 관계를 유지하는 것도 좋은 방법이다. 또한 교사들이 교사학습공동체를 통해 기대하는 것에 대해 충분히 이야기를 나누고 그것을 충족시키기 위해 구성원이 함께 지켜 나가야 할 약속을 정하는 시간도 필요하다. 발언 독점하지 않기, 논의 초점 벗어나지 않기, 경청하기 등 함께 지켜야 할 약속을 구성원들이 스스로 만들었을 때 실제적인 효력을 지닐 수 있다.

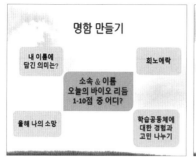

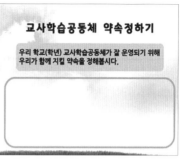

둘째, 교육활동에 대한 소통에 익숙하지 않은 교사문화를 변화시키려면 교사학습공동체를 운영하는 효율적이며 효과적인 시스템이 있어야 한다. 아직도 많은 학교에서 교사학습공동체 시간을 강사를 초청하여 연수를 받는 시간으로 생각한다. 하지만 효과적인 교사학습공동체 설계는 교사들이 함께 연구하고 함께 실천하는 과정으로 이루어져야 한다. 아래 제시된 '공동연구와 실천 과정'은 '주제 탐구-공동연구-공동실천-연구 결과 공유' 순서로 이루어진다. 이러한 시스템이 절차대로 잘 이루어진다면 구성원들이 함께 협력하며 전문성을 신장시킬 수 있다.

마지막으로 공동연구와 공동실천이 잘 연결되기 위해서는 연구와 협의 내용을 정리하여 교사들이 공유하는 작업이 필요하다. 대부분의 교사들은 교사학습공동체 시간에 협의한 내용이 실제로 교육과정 운영에 적용되지 않는다는 점에 불만이 많다. 이는 교사학습공동체 활동이 교사들 사이에서 의미 없는 시간 낭비라고 생각되는 주원인이 되기도 한다. 교사학습공동체 시간에 협의한 세부적인 내용은 반드시 정리하고 공유하며 지속성을 유지시켜야 한다. 세부적인 협의 내용 정리와 공유는 교사들의 공동실천을 용이하게 해 준다. 교사 협력을 기반으로 한 공동연구와 공동실천의 경험이 쌓이면서 교사는 비로소 주체적인 교육과정 설계자가 될 수 있다. 이를 통해 교사는 전문가로 성장할 수 있으며 자신이 몸소 체험한 협력의 가치를 깊이 있게 이해하고 학생들의 수업에도 적용할 수 있게 된다.

## ● 학생 상호 간 긍정적인 역할 기대가 있는 섬세한 수업 설계

협력학습이 성공적으로 이루어지려면 학생 상호 간 긍정적인 역할 기대가 일어날 수 있는 상호 의존적인 수업 설계가 이루어져야한다. 교사들은 보통 학생들에게 과제를 부여하고 그룹별로 활동하게 하는 것을 협력학습이라고 생각한다. 학생들의 활동을 지켜보다가 무임승차하는 학생들이 많아지거나 학생들 간의 분쟁이 잦아지면 협력학습이 불가능하다고 여기며 바로 강의식 수업으로 돌아온다. 또는 그룹 안의 뛰어난 한두 명의 아이가 만들어 낸 성과를 협력학습의 결과물로 간단히 치부하는 경향도 있다. 교사가 교실에서 협력학습을 제대로 구현하려면 학생들에게 과제를 부여하고 그 성과가 이루어질 때까지 꾸준하게 상호 의존성이 일어날 수 있도록 세심하게 수업을 설계해야 한다. 이를 위해 교사가 항상 염두에 두어야 할 점들을 정리하면 다음과 같다.

첫째, 교사의 일방적인 지식 전달 위주의 수업이 아닌 프로젝트학습과 연극놀이 수업, 하브루타 질문수업 등 협력의 매개가 되는 다양한 수업 방법을 창의적으로 적용한다. 이러한 수업 방식은 그 자체로 학생들의 의사소통과 협력을 유도할 수 있다는 장점이 있다. 또한 각기 다른 재능을 가진 학생들이 모여 협력하는 과정에서 개인이 혼자 힘으로는 해결하지 못하는 과제의 해결도 가능해진다. 이때 유의할 점은 학생들에게 정답이 정해져 있는 것보다 열린 주제를 제시해야 한다는 점이다. 그동안 학교에서는 정답이 명확한 교과 지식을 습득하고 그것을 언어로 표현하는 것에 집중하는 교육을 해 왔고, 그것을 잘하는 학생들만 인정받는 분위기가 형성되었다. 이는 다양한 재능을 지닌 학생들이 수업 시간에 자신의 능력을 발휘할 기회를 주지 못하여 여러 학생들의 수업참여 의지를 떨어트리는 원인이 되었다. 뿐만 아니라 창의적 문제해결력, 비판적 사고력, 의사소통능력 등 학생들이 필요한 다양한 역량들을 성장시키는 데도 장애가 되어 왔다. 따라서 교사는 여러 가지 수업 방법을 창의적으로 적용하여 다양한 지식과 재능을 가진 학생들이 서로 긍정적인 상호작용을 할 수 있도록 수업을 설계해야 한다.

둘째, 학생들이 원활히 소통하고 협력할 수 있는 구조의 자리 배치도 중요하다. 학생 자리 배치는 수업 형태에 따라 '2인 1조', '3인 1조', '4인 1조', 'ㄷ자형' 등 다양한 형태로 구성할 수 있다. 학교에서는 이러한 자리 배치를 쉽게 관찰할 수 있지만 정작 수업은 교사 위주의 강의식으로만 이루어지는 경우가 많다. 교사가 강의식으로만 수업을 진행해 오던 습관에서 벗어나 학생들이 소통하고 협력할 수 있는 수업을 설계하고 자리 배치도 그에 맞게 활용하는 것이 중요하다. 이를 위해 책상과 의자는 너무 무겁지 않고 바퀴가 달려 있어 쉽게 자리 배치를 변화시킬 수 있다면 좋을 것이다. 자리 배치는 학생들이 친구들과 원활히 소통하며 정서적 유대감을 쌓고 수업에 집중할 수 있는 분위기를 만드는 데 영향을 미친다.

마지막으로, 교사는 학생들이 친구들과 협력하는 과정에서 갈등이 일어나는 일은 자연스러운 점이라는 것을 잊지 말아야 한다. 학생들은 친구들과 함께 과제를 해결해 가는 과정에서 서로의 의견을 좁혀 나가며 갈등을 겪는다. 또한 수행평가 점수가 입시와 직결되는 중·고등학교에서는 학생들이 모둠별 과제를 매우 예민하게 받아들이고 그 과정과 결과에 대한 불평불만도 많다. 이런 경우 교사는 학생들 간의 갈등을 부정적으로 생각하고 그것을 제거하려고 노력하거나 협력수업 자체를 포기하기도 한다. 하지만 학생들이 학교에서 배워야 하는 중요한 역량은 나와 다른 생각을 가진 이들과 대화를 통해 나의 생각을 발전시키고 타인의 의견을 존중하며 서로의 의견 차이를 좁혀 나갈 수 있는 능력이다. 교사는 이 점을 명확히 하고 협력의 가치에 대한 비전을 끊임없이 학생들과 공유해 나가야 하는 동시에 학생들의 학습 과정을 면밀하게 관찰하며 협력이 원활히 잘 이루어질 수 있도록 도움을 주어야 한다.

협력학습에서 교사는 섬세한 수업 설계자, 학생 간 협력이 잘 일어나게 하는 촉진자, 갈등 해결의 조력자가 되어야 한다. 학생 상호 간 긍정적인 역할 기대가 일어날 수 있도록 하는 협력수업의 설계는 학생들에 대해 세심한 관심을 지닌 교사만이 발휘할 수 있는 전문성이다.

다음 표는 ○○초등학교에서 나와 함께 6학년 학생들을 가르쳤던 교사들이 공동으로 진행한 프로젝트 학습 과정이다. 6학년 교육과정 사회과에 실려 있던 '우리나라의 정치 발전' 단원은 용어도 생소하고 추상적인 개념이 많아 학생들이 매우 어려워했다. 그렇지만 교사들은 학생들이 '민주주의'와 관련된 개념이나 그 가치를 깊이 있게 이해하기를 원했다. 그래서 이 단원을 '고전을 활용한 연극놀이 수업'으로 재구성하기로 결정했다. 먼저 활용 도서로 민주주의에 대한 가치를 동물들의 이야기로 풀어 나간 현대 고전인 조지 오웰의『동물농장』을 선정하고, 학업성취 수준에 관계없이 모든 학생들이 좋아하는 연극놀이 기법과 다양한 협력수업 기법을 활용하여 학생들이 상호작용 하도록 했다.

**[ 표 3-1 ]  고전 활용 프로젝트 학습**

| 주제 | | 민주주의의 뜻과 기본 정신을 이해하고 민주주의를 실천하는 바람직한 태도 알아보기 | | 차시 | 20차시 |
|---|---|---|---|---|---|
| 교과 및 단원 | 사회 | 2. 우리나라의 정치 발전 | | 기간 | 4월 |
| | 국어 | 독서 단원: 책을 읽고 생각을 넓혀요 | | | |
| | 도덕 | 4. 공정한 생활 | | | |

| 교과 | 차시 | 학습 주제 | 학습 내용 | 비고 |
|---|---|---|---|---|
| 국어 | 1-2 /20 | 이야기와 만나기 | •『동물농장』1장 내용 파악하기<br>•동물들의 하루 일과를 사진 찰칵 기법으로 표현하기<br>•동물농장에서 앞으로 벌어질 일을 예상하여 즉흥극 만들기 | 모둠별 연극 놀이 |
| 사회 | 3-4 /20 | 혁명의 의미 알기 | •『동물농장』2장, 동물혁명 부분 내용 파악하기<br>•역사적으로 유명한 혁명에 대해 조사 발표하기 | 혁명별로 발표 |
| 국어 | 5-6 /20 | 일곱 계명 만들기 | •『동물농장』2장, 일곱 계명 부분 내용 파악하기<br>•동물농장의 동물이 되어 모둠별로 일곱 계명 만들기 | 모둠별 활동 |
| 사회 | 7/20 | 규칙과 법 알기 | •규칙과 법이 필요한 까닭 알기(동물농장의 일곱 계명과 연계)<br>•다양한 법을 알아보고 그 의미에 대해 물레방아 토론 하기 | 물레방아 토론 |
| 사회 | 8/20 | 헌법의 의미 알기 | •헌법의 의미 알기, 헌법에 담겨 있는 내용 알아보기<br>•가장 중요하다고 생각되는 내용에 대해 하브루타 짝활동 하기 | 하브루타 질문 수업 |
| 도덕 | 9-10 /20 | 공정의 의미 알기 | •『동물농장』3장 내용 파악하기<br>•동물농장에서 수확한 곡식의 분배에 대해 토론연극 하기 | 토론 연극 |
| 사회 | 11-12 /20 | 독재와 민주주의 의미 알기 | •『동물농장』4, 5장 읽기<br>•핫시팅 기법을 이용하여 나폴레옹의 생각 알아보기<br>•지도자 한 사람이 결정하는 것과 동물들이 모두 모여 결정에 참여하는 것에 대한 장단점 정리하기 | 핫시팅 나폴레옹 인터뷰 활동 |
| 사회 | 13-14 /20 | 삼권분립 이해하기 | •민주주의의 가치, 삼권분립의 필요성 생각해 보기<br>•국회, 정부, 법원이 하는 일 조사하여 또래 선생님 활동하기 | 또래 선생님 활동 |
| 국어 사회 | 15-16 /20 | 권리와 의무의 의미 | •『동물농장』6, 7장 읽기<br>•동물들의 행동이 동물농장에 어떤 영향을 미치는지 이야기하기<br>•국민의 권리와 의무와 연관 지어 생각해 보기 | 모둠별 마인드맵 |

| | | | | |
|---|---|---|---|---|
| 사회 | 17-18 /20 | 동물들의 불행에 대한 책임 생각해 보기 | • 『동물농장』 끝까지 읽기<br>• 불행의 책임은 누구에게 가장 크게 있을까 순서를 정해 보기(짝활동-모둠활동-나의 생각 정리하기-발표하기)<br>• 각 동물들이 해야 할 올바른 행동에 대해 이야기하기 | 칠판에 동물 사진을 나열하며 설명하기 |
| 사회 | 19 /20 | 동물들이 해야 할 일 | • 『동물농장』의 내용을 떠올려 보기<br>• 모두가 행복한 동물농장을 만들기 위해 동물들은 어떻게 했어야 했을지 생각해 보고 즉흥극으로 표현하기 | 즉흥극 발표 후 토론 |
| 국어 | 20 /20 | 작품의 배경 이해 하기 | • 작가와 글의 시대적 배경 조사한 내용 발표하기<br>• 빈의자 기법으로 조지 오웰의 모습과 생각에 대해 상상하기<br>• 지식채널e 영상을 시청하고 작가의 생각에 대해 추측하기<br>• 글쓴이와 작품에 대한 나의 생각 이야기하기 | 빈의자 기법 |

프로젝트 학습이 진행되는 동안 학생들은 친구들과 소통하며 활발한 활동을 이어 나갔다. 교사의 설명을 최소화하고 다양한 협력수업 기법을 활용하여 수업을 설계했기 때문에 수업 시간은 항상 시끌벅적했다. 우리의 예상처럼 여러 가지 크고 작은 갈등도 있었다. 하지만 그 어느 때보다 학생들은 수업에 적극적으로 참여했다. 학습 부진이 심해 평소 수업 시간에 참여 의지가 약했던 학생들도 프로젝트 수업 시간을 기다리며 매우 열정적으로 참여했다. 정해진 답이 없고 창의적으로 해결 방안을 생각해야 하는 수업에서 학생들은 칠판이 아닌 서로를 바라보며 다양한 의견을 나눴다. 특히 연극놀이로 표현할 때는 어떤 학생이 특별히 학습 능력이 뛰어난 학생인지 구분하기 어려웠다. 수업에서 소외되기 쉬운 학생들도 자신의 역할에 적극적으로 참여하며 자존감을 회복했고 다른 학생들도 그들의 기여를 인정하는 분위기가 형성되었다. 학생들의

갈등 해결 능력도 향상되어 다음에 진행한 여러 협력학습에서는 갈등 상황이 많이 줄어드는 모습도 관찰되었다.

교사들도 프로젝트 학습을 진행하는 동안 교사 협력이 어떤 의미인지 깊이 있게 이해할 수 있었다. 교과서의 내용을 있는 그대로 전달만 하려는 교사의 모습에서 벗어나 자신이 가르치는 내용에 대한 가치를 정립하고 수업 방향을 명확히 하여 그것을 바탕으로 교육과정과 수업을 설계할 수 있는 교육 전문가로서 한 걸음 더 나아갈 수 있는 계기가 된 것이다.


● 함께 배우는 즐거움이 있는 교실

협력이 있는 교실을 만들어 가기 위해서는 무엇보다 학생들이 함께 배우는 즐거움을 아는 것이 중요하다. 교실의 분위기 조성에는 교사의 역할이 크다. 그동안 교사들은 학생들의 보다 높은 학업성취를 위해 경쟁을 유도하는 발언을 일상적으로 해 왔고 학생들도 친구들과 협력하기보다는 경쟁에 익숙했다. 항상 경쟁적인 분위기 속에서 타인과 함께한다는 것의 의미를 모르고 고립되어 자신의 안위만을 생각하게 하는 교육은 자신의 이익에는 적극적이나 공동의 이익에는 소극적인, 이기적인 개인주의자들을 기를 뿐이다. 교사가 경쟁과 외적 보상을 통해 교육의 효율성을 추구하기보다는 다양한 상황에 처한 학생들이 수업에 잘 참여할 수 있도록 사려 깊은 수업 설계를 하면 학생들로 하여금 더 열심히 하고 싶은 내적 동기를 높일 수 있다.

　최근 이러한 변화가 학교현장에서 조금씩 일어나고 있다. 일반적으로 학급 대항전으로 열리던 단체 줄넘기 대회는 모든 학생들이 노력하여 공동으로 설정한 목표 횟수에 도달하는 방식으로 변화하고 있다. 수업 시간에 그룹 활동을 하고 난 후에 어떤 그룹이 더 잘했는지에 대해 서열화된 평가를 하지 않고 각 그룹 활동의 장점을 찾아서 학생들이 서로 칭찬한다. 프로젝트 학습을 하면서 학생들은 각자가 서로에게 어떤 영향을 미쳤는지 동료 평가를 실시하기도 한다. 학교교육의 이런 작은 변화들은 학생들에게 공동체에 대한 의미를 갖게 하고, 그 안에서 각기 다른 학생들의 개성이 존중되는 학교문화를 만드는 데 한 발짝 다가가게 한다.


## ● 교실을 소외 없는 민주적인 공동체로 만들기

　한 아이의 눈으로 수업을 봤던 경험으로 나는 이 글을 쓰게 되었다. 수학 시간에 고군분투하던 그 아이의 외로움을 우리는 얼마나 이해하고 있을까. 수업 시간에 멍하니 있거나 다른 친구와 장난을 치는 아이들 또는 교과서에 온통 낙서만 하는 아이들 중 일부는 사실 수업을 들어도 무슨 말인지 알지 못하는 답답함을 온몸으로 표현하고 있는 건지도 모른다. 교사의 시각에서 이 아이들은 단순히 수업에 참여할 동기나 의지가 약한 아이들로 비칠 수 있다. 하지만 이들의 시각에서 수업을 바라본다면 매시간이 정말 큰 고

난일 수도 있다. 교사가 수업을 준비할 때 이 아이들에게 우선적인 관심을 갖고 배려한다면 이들도 수업에 참여하고자 하는 의지와 책임감을 갖게 할 수 있지 않을까.

아이들을 가르치는 교사로 짧지 않은 시간을 보냈지만 교육에 대해서는 무엇이 정답인지 혼란스러울 때가 많다. 하지만 확실한 것은 우리가 추구하는 사회는 구성원 모두가 동등하게 존중받고 자신의 권리를 누리며 타인과 더불어 행복하게 살아가는 '민주주의' 사회라는 점이다. 공교육의 역할은 이러한 민주주의 사회를 만들어 가고 발전시켜 나갈 민주시민의 자질을 길러 주는 것이다. 그렇다면 교사는 그 무엇보다 아이들이 생활하고 있는 교실을 민주적인 공동체로 만드는 데 힘써야 하지 않을까. 수업 소외를 당연하게 받아들이고 그들을 위한 배려가 없는 교실이 투표를 통해 회장을 뽑고 학급회의와 토론 수업을 한다고 해서 민주적인 공동체라고 할 수 있을까. 누구나 존중받는 민주적인 공동체에서 소통과 배려를 통해 '함께함'의 의미를 배운 이들만이 결국 민주시민이 되어 우리 사회를 더 나은 사회로 변화시킬 수 있다.

나는 이러한 믿음을 갖고 여러 해 동안 수업에서 학생 소외를 최소화하기 위한 다양한 협력수업 방법을 모색했다. 동료 교사들과 교사학습공동체를 통해 수업 연구도 열심히 했다. 쉬운 일도 아니었고 언제나 성공하는 일도 아니었지만 소외된 아이들의 역할과 소속감을 고려하여 섬세하게 준비한 수업은 다양한 학습 능력을 가진 아이들이 소통하고 협력하며 즐겁게 수업에 참여하는 결과로 이어지곤 했다. 소위 공부를 못하는 아이들도 자신의 역할과 재능을 찾고 점차 자존감을 회복하는 모습을 보였다. 그리고 이러한 분위기는 다양한 개성과 능력을 가진 모든 아이들이 자신의 목소리를 내며 각자의 역할을 해내는 민주적인 학급 문화가 형성되는 데 영향을 미쳤다.

하지만 이처럼 수업을 통해 교실의 문화를 민주적으로 변화시키는 것은 그리 쉬운 일이 아니다. 학생 소외를 최소화하기 위해 매 수업을 준비하는 것도 만만치 않고 열심히 수업을 준비했다 하더라도 다양한 변수가 있어 제대로 실행되지 않을 때도 많다. 또한 그 무엇보다 쉽게 바뀔 것 같지 않은 능력주의 사회와 입시 위주의 교육 분위기, 학교의 과도한 행정업무, 학생과 수업이 중심이 되지 못하는 학교 분위기 등 현실의 벽이 높은 것도 사실이다. 이렇듯 수업의 변화를 통해 교실을 학생 소외가 없는 민주적인 공동체로 만들어 나가는 데 현실적인 한계는 분명 존재한다. 그럼에도 불구하고 우리가 그 한계에만 매몰된다면 학교의 변화 나아가 우리 사회의 변화도 절대 일어나지 않을 것이다. 중요한 것은 우리 교사들은 매일 학교현장에서 학생들을 가르치고 있다는 것, 그리고 그 가르침을 받은 학생들이 이 사회를 만들어 간다는 점이다. 그렇다면 교사로서 지금 우리가 무엇에 더 집중해야 하는지 답을 찾을 수 있지 않을까.

# 4장
## 논쟁의 불편함을 넘어 일상의 습관으로

윤은진

● **논쟁을 대하는 우리의 시선**

한국 사회에서 논쟁은 소모적이다. 교실에서의 논쟁은 피하고 싶으며, 교직원회의에서의 논쟁은 우리를 지치게 한다. 가정에서의 논쟁은 불편하다. 그래서 논쟁은 주로 공적인 담론장이 아닌 사적 공간에서 이루어지거나 그마저도 대부분 봉합되곤 한다. 학교에서, 사회에서, 가정에서 논쟁을 제안하는 사람은 '프로 불편러'가 된다.

논쟁은 사전적 의미로 서로 다른 의견을 가진 사람들이 각각 자기의 주장을 말이나 글로 논하여 다투는 것을 말한다. 독일의 한 철학자는 논쟁을 검과 방패를 무기 삼아 수단과 방법을 가리지 않고 싸우는 전투에 비유하기도 하였다. 이처럼 논쟁이라는 단어의 표면적인 이미지로 인해 우리는 논쟁이 승패를 가르는 문제라고 여기게 된다. 게다가 TV토론의 단편적인 장면들은 논쟁을 더욱 대립적 구도로 인식하게 만든다.

논쟁에 대한 불편한 시선은 한국 사회의 문화적 정서에서 기인하는 바가 크다. '모난 돌이 정 맞는다'는 속담이 있다. 어린 시절부터 우리는 가정에서나 학교에서, 군대에서, 회사에서 '모나지 말고 둥글게', '좋은 게 좋은 거', '튀지 말라'는 무언의 압력을 받으며 자란다. 이런 정서 속에서 자란 우리는 상대방이 나의 의견을 반박하면, 공격받는다는 불쾌감을 느낀다. 그리고 논쟁은 중단되곤 한다. 교육청의 정책 문서에 등장하는 비판적 성찰 역량, 창의적 사고 역량은 현실과 너무나도 멀리에 있다.

최근에는 다양성을 인정한다는 명목으로 논쟁하기를 꺼려 하는 경향도 존재한다. 때로 우리는 마치 취향을 존중하듯 서로 다르다고 처음부터 선을 긋고 논쟁하지 않으려 한다. 심지어 민주주의 사회에서의 기본적인 가치에 반하는 행위와 주장에 대해서도 눈감는다. 그러는 사이 각종 혐오 표현들과 역사를 왜곡하고 폄훼하는 일들이 난무하고 있다.


## ● 건강한 논쟁은 민주주의를 지탱한다

오늘날은 나와 다른 생각을 가진 이들과 끊임없이 소통하며 살아가야 하는 시대다. 우리는 수많은 관계망 속에 연결되어 있으며, 다양한 종류의 협업을 요구받는다. 한편으로는 여러 사회 갈등이 첨예하게 드러나는 시대이기도 하다. 정규직과 비정규직, 경영자와 노동자, 가난한 사람과 부유한 사람, 진보와 보수, 고령자와 젊은이, 주택 소유자와 비소유자 등 다양한 차원의 일상적 갈등이 존재한다.

이와 같은 현대 민주주의 사회에서 논쟁은 타인의 입장을 이해하고 공감하는 힘을 길러 준다. 논리적인 말하기, 설득하는 말하기가 공감 능력을 키운다는 것이 아이러니하게 느껴질 수도 있다. 하지만 공적인 공간에서 논쟁을 경험해 본 학생들은 하나같이 논쟁은 상대방의 입장을 더 잘 이해하고 공감하는 데 도움을 준다고 말한다. 나의 주장에 대한 근거를 마련하고 상대 주장의 근거를 분석하여 반박하는 과정에서 서로 다른 입장을 포용할 수 있게 된다는 것이다. 오히려 쟁점에 대해서 아무런 입장을 취하지 않거나 무관심할 때, 우리는 편견으로 인해 나와 다른 입장을 배제하기 쉽다.

처음 낙태 합법화에 대한 우리 모둠의 찬반 입장을 정할 때 저 개인적으로는 낙태를 합법화해서는 안 된다는 생각을 가지고 있었어요. 그런데 우리 모둠이 찬성 입장에서 토론을 준비하게 되면서 찬성하는 입장에 대한 근거들을 찾다 보니 나중에는 그 입장에 점점 동의하게 되더라고요. (중략) 그리고 실제로 수업 시간에 토론할 때 반대 입장에 공감하는 부분도 있긴 했는데, 이게 수행평가잖아요. 왠지 저쪽 주장을 인정해 버리면 점수가 깎일 것 같은 생각에 끝까지 우리 주장을 밀고 나가게 되었어요. 다음에는 평가와 상관없이 토론해 보고 싶어요. _2017 쟁점 토론 수업 후 A학생

넬 나딩스Noddings, N.와 로리 브룩스Brooks, L.는 저서 『논쟁 수업으로 시작하는 민주시민교육』2018에서 비판적 사고는 단지 논쟁에서 이기기 위해서가 아니라, 논쟁을 이해하기 위해 중요하다고 말한다. 이들은 "도덕적 헌신은 최선의 비판적 사고를 이끌고, 이를 통해 다시 비판적 사고는 도덕적 헌신과 행위를 안내한다"라고 강조하였다. 또한 콜버그Kohlberg는 정의공동체 학교의 잠재적 교육과정으로 민주적 토의 과정의 중요성을 강조한 바 있다.

사회적인 쟁점을 가지고 논쟁하는 것은 기본적으로 공동체에 대한 애정과 몰입을 전제로 한다. 그리고 논쟁의 목적은 평행선을 확인하는 것을 넘어서서 평행선일 것 같은 두 선의 교차 가능성을 모색하는 데 있다. 논쟁 수업도 각각의 입장을 내려놓고 숙의하는 과정, 서로의 경험과 감정을 공유하는 과정, 제3의 대안을 모색하는 과정을 의도적으로 디자인할 필요가 있다.

또 하나, 우리가 논쟁하는 과정에서 간과하고 있는 것이 있다. 우리는 흔히 입장이 다른 이유를 서로 중요하다고 생각하는 가치가 달라서라고 생각한다. 하지만 실제로 쟁점에 대한 입장 차이는 '사실 판단'이 다른 데서 기인하는 경우가 많다. 즉, 팩트에 대한 인식 차이다. 논쟁 수업의 과정도 크게 사실 쟁점을 탐구하는 과정과 가치 쟁점을 탐구하는 과정으로 나누어 볼 수 있다. '미래의 행복을 위해서 현재의 행복을 희생하는 것은 바람직한가'와 같은 다소 철학적인 논제의 경우에는 가치 판단이 주를 이루겠지만, '핵발전소를 증설할 것인가', '의무투표제를 도입할 것인가'와 같은 논제의 경우 사실에 대한 판단이 입장을 세우는 데 커다란 영향을 미친다. 하루에도 수없이 많은 가짜 뉴스가 홍수처럼 쏟아지고 있다. 논쟁 수업은 쏟아지는 정보를 비판적으로 취사선택하여 받아들일 수 있는 미디어 리터러시의 측면에서도 매우 유효하다.

## ● 정치적 중립성은 '진공' 상태가 아니다

민주주의 사회의 실천하는 시민, 책임 있는 시민으로서의 자질을 함양해야 한다는 목소리가 날로 커지고 있다. 머리로 배우는 민주주의가 아닌 몸에 배는 민주주의 감수성을 키워야 한다고도 강조한다. 아마도 교육기본법에 명시되어 있는 '민주시민으로서의 자질 함양'이라는 우리 교육의 목적이 그간 학교라는 공간에서 제대로 이루어지지 못한 데 대한 자성의 목소리일 것이다. 그러나 여전히 학교현장에서 교사들은 주저한다. '교육의 정치적 중립성'이라는 이름으로 관리자로부터, 학부모로부터, 나 자신으로부터의 태클을 뛰어넘어야 하기 때문이다.

몇 해 전, 3주에 걸쳐 쟁점 토론 수업을 진행한 후 지필평가에 토론 수업 내용을 5지 선다형 수능 형식의 문제로 재구성하여 문항을 출제하였더니 교장실에서 호출이 왔다. 요즘 말로 하면 교육과정-수업-평가를 잘 연계한 것인데 마땅치 않으셨던 모양이다. 설교를 잔뜩 들었으나 평가권은 교사의 고유 권한이 아니던가. 시험 문제는 그대로 인쇄되어 나갔다. 하지만 다음 해부터는 같은 방식의 출제를 주저하게 되었다.

한번은 사회참여 체험학습의 일환으로 논쟁에서 한 걸음 더 나아가 이를 개선하기 위한 실천 활동을 해 보도록 하였다. 교장실에서 또 호출이 왔다. 시민이 가장 기본적으로 할 수 있는 일이 관련 기관에 의견 글을 써 보는 것이라고 소개했었는데, 한 학생이 교육청에 글을 올렸던 것이다. 심지어 교장 선생님은 학생에게 쓴 글을 삭제하게 하라고 하셨다. 글을 올린 학생에게 지지는커녕 패배감을 맛보게 할 수는 없었다. 담담하게 버티었다.

'안녕들 하십니까' 대자보가 사회적으로 회자되던 때, 우리 반 학생들이 학교 게시판에 대자보를 붙인 적이 있다. 대자보의 내용은 교육과정에 없는 금요일 7교시에 자습을 하고 귀가하라는 학교 방침에 대한 문제 제기를 담은 것이었다. 교과서로 배운 민주주의를 삶으로 실천하는 용기 있는 모습이 기특해 보였다. 하지만 계단 게시판에 붙여진 대자보는 관리자에 의해 1시간이 채 되지 않아 떼어졌다. 떼어진 대자보 자리에 사회과 교사로서, 그리고 담임으로서 학생들의 의견을 지지하는 대자보를 붙였다. 이마저 곧장 떼어졌고 어김없이 교장실에서 호출이 왔다. 건강한 논쟁은 봉합된 채 다음 주 학생들의 문제 제기는 바로 수용되었다.

　　아직도 등교 시간에 대자보 앞에서 학생들이 웅성웅성 서 있던 장면이 기억나요. 그런데 바로 철거되었을 때 저희 의견이 무시된 것 같아 속상했어요. 그래도 얼마 후 우리들의 의견이 받아들여져서 다들 환호했었죠. 아마 학교에서 할 수 있는 굉장히 특별한 경험이었던 것 같아요. 나중에

어른이 되었을 때 해야 할 행동에 대해서도 생각하게 되었
고요. _대자보 사건을 회상하는 A학생


　그 전엔 야자를 하라고 하면 그대로 하는 '착한' 학생의
이미지였는데, 처음으로 저희들의 목소리를 낸 사건이었죠.
솔직히 쌤 교장실에 불려갔을 때 많이 혼나셨을까 진짜 걱
정했거든요. 진짜 이게 무모한 짓이었나, 그냥 하라는 대로
말 들었으면 나았을까 했다가 쌤이 오히려 더 저희를 독려
해 주니까 우리가 한 행동이 잘못된 일이 아니라 우리가 힘
을 모아서 당연히 낼 목소리를 낸 거구나 생각했어요.

_대자보 사건을 회상하는 B학생


　관리자로부터의 태클을 뛰어넘어도 높은 벽은 또 있다. 소위 학
구열이 높다고 하는 지역의 초등학교에서 근무하는 한 동료 교사
는 '세월호'에 대한 이야기를 아이들과 나누었더니 곧장 학부모의
민원 전화를 받았다는 경험을 토로하기도 하였다. 교사들은 학교
울타리 밖의 일을 언급하기 점점 더 조심스러워진다.

　사실 더 커다란 장애물은 교사 자신으로부터의 자기 검열이다.
몇 해 전, 새 학년이 시작될 무렵 국회에서는 필리버스터가 연일
이어졌다. 테러방지법에 반대하는 야당 의원들이 길게는 10시간이
넘게 한자리에 서서 발언을 이어 갔다. 38명의 국회의원이 참여하
여 총 192시간 27분 만에 필리버스터는 종결되었다. 낯선 풍경이었
다. 국회 방청석은 필리버스터를 보려는 각지의 시민들로 가득 채

위졌다. 짧은 코멘트를 달아 관련한 신문 기사를 SNS에 공유했다. 그리고 몇 개월이 지난 어느 날 문득, '전에 올렸던 글들을 삭제해야 할까' 하고 자기 검열하는 내 모습에 씁쓸함이 밀려들었다.

실제로 경기도의 한 국어 교사는 박근혜 정부 시절에 한 단체가 그의 페이스북 글을 공직선거법 위반으로 고발하여 3년째 법원을 다니기도 했다. 뇌물과 관련한 법을 어긴 정치인을 비판하는 글, 논문 표절 의혹이 제기된 국회의원 후보의 기사를 공유하고 비판 글을 대여섯 줄 썼다는 이유에서였다.[3] 다행히도 지난해 2심 고등법원에서 무죄판결을 받았다.

우리나라는 현행 국가공무원법 등 관련 법규를 통해 공무원·교원의 정치적 표현, 정당 가입, 선거 운동의 자유를 전면적으로 금지하고 있다. 적극적으로 정치에 참여하는 민주시민을 길러 내는 것을 교육의 목표로 하면서 정작 이를 가르치는 교사들의 손과 발, 눈과 귀, 그리고 입을 '정치적 중립성'이라는 명목으로 꽁꽁 묶어 두고 있다. 축구를 가르치면서 축구를 가르치는 코치는 축구를 해서도, 시범을 보여서도 안 된다는 것이다. 때로 많은 교사들은 '정치적 중립성'이라는 말을 사회적으로 논쟁이 되는 많은 이슈들에 대해서 입장을 갖지 않는 것 내지는 함구하는 것이라 오해하여 받아들이기도 한다. 하지만 '정치적 중립성'은 결코 '진공' 상태를 의미하지 않는다. 기울어진 운동장에서의 침묵은 그 자체로도 정치적 좌표를 갖는다. 어쩌면 처음부터 '정치적 중립성'이라는 말

---

3. 해당 국어 교사의 페이스북 글 참고.

은 성립하지 않는지도 모르겠다.



보이텔스바흐 합의:
  '학교 밖의 논쟁을 학교 안에 허許하라'


　독일에서는 1970년대 정치교육을 둘러싼 격심한 좌우 대립이 있
었다. 1976년 가을, 좌우 진영을 망라하여 당시 독일에서 가장 영
향력 있는 정치교육 학자들과 정치교육기관 실무자, 학교교육 실무
자 등이 보이텔스바흐에 모여 정치교육원 주최의 학술 행사에 참
여하였는데, 여기에서 합의된 세 가지 원칙을 '보이텔스바흐 합의'
라고 부른다. 보이텔스바흐 합의는 민주시민교육에 대해서 고민하
고 있는 현재 한국 교육에도 여러 가지 시사점을 던져 준다. 보이
텔스바흐 합의의 세 가지 원칙은 다음과 같다.

　첫째, 강압(교화) 금지 원칙이다. 어떤 수단을 통해서든 학생들
에게 특정한 견해를 주입하고 그럼으로써 그들이 독립적인 의견을
형성하지 못하도록 방해해서는 안 된다.

　둘째, 논쟁성의 원칙이다. 학문과 정치에서 논쟁적인 것은 수업
에서도 역시 논쟁적으로 드러나야 한다.

　셋째, 이해관계 인지(행동지향·학생지향) 원칙이다. 학생들은 특
정한 정치적 상황과 자신의 이해관계의 상태를 분석할 수 있어야
하며, 자신의 이해관계에 비추어 주어진 정치 상황에 영향력을 행
사할 수 있는 수단과 방법을 찾을 수 있어야 한다.

보이텔스바흐 합의는 사회적·정치적 논쟁을 교실에서도 드러나게 하는 방식으로 교육하되, 교사에게는 '강압(교화) 금지'를 요구하고 학생들에게는 '이해관계 인지'를 요청하는 것이다.

강압 금지의 원칙은 여전히 이념 대립과 갈등이 첨예한 한국 사회에서 학교교육에 대한 기본적인 신뢰를 다지기 위한 대원칙이라 볼 수 있다. 그리고 이해관계 인지 원칙은 학생들 스스로 논쟁이 나의 삶의 문제와 어떻게 연관성을 갖는지 알고 행동하는 시민으로 성장해 나가는 데 의미가 있다. 보이텔스바흐 합의의 핵심이라 할 수 있는 논쟁성의 원칙은 두 가지 시사점을 갖는다. 하나는 수업이 교실과 학교의 담장을 넘어 확장되어야 한다는 점이다. 이는 앎과 삶이 일치하는 교육의 차원에서 매우 중요하다. 논쟁성의 원칙이 갖는 두 번째 시사점은 앞서 언급했던 교사의 '정치적 중립성'의 허울을 걷어 낼 수 있는 근거를 제공한다는 점이다. 논쟁성의 원칙은 사회에서 논쟁적인 이슈를 수업에서 다루는 것에 불편함을 가져왔던 교사들에게 든든한 힘이 되어 줄 수 있다. 보이텔스바흐 합의는 학생과 교사 모두를 민주주의 사회의 시민으로 세워 나간다는 점에서 커다란 의의가 있다.

-------------● 논쟁 수업 이야기

논쟁 수업에 대한 필자의 경험을 보이텔스바흐 합의의 원칙들과 연결 지어 몇 가지 나누고자 한다. 필자는 15여 년 전부터 거의 매

해 쟁점 토론 수업을 진행한 경험이 있다. 매 수업 시간마다 꾸준히 토론 수업을 하지는 못하고 대신에 한 시즌 집중해서 진행한다. 보통 3주에서 길게는 4주 정도의 기간이다. 필자가 사회과 교사이기에 수행평가에도 토론 수업의 과정을 비중 있게 반영한다. 기본 틀은 디베이트 패널 토론 방식이다. 대결 구도가 도드라지는 형태를 벗어나고자 원탁 토론이나 신호등 토론, 가볍게 짝과 그때그때 토론을 하게도 해 보았으나 패널 토론의 방식이 몰입도 면에서는 효과가 높았다. 서너 명으로 구성된 팀이 하나의 논제에 찬성 혹은 반대 중 한 가지 입장을 맡아 준비하며, 토론에서 패널이 되는 두 팀을 제외한 나머지 학생들은 청중이 된다. 청중을 참여시키는 장치를 마련하기 위해서 청중 질의응답 시간을 배치하며, 청중에게는 토론에 대한 평가지를 작성하게 한다. 한 팀이 두 번씩 토론하도록 논제의 수를 늘리면 두 번째 토론의 질은 확실히 높아지나 기간이 늘어나게 되는 부담이 있다. 10차시의 기획이라면 사전 준비(민주주의 사회에서 논쟁의 중요성, 토론의 형태, 말하기·듣기 연습, 논제 정하기, 토론 과정 안내, 팀별 자료 수집 등)에 5차시, 본 토론 4차시, 평가 1차시 정도로 구성한다.

생각보다 공을 많이 들여야 하는 부분은 논제를 정하는 작업이다. 기본적으로 시의적절한 논제가 매력적이다. 이는 논쟁성의 원칙과도 부합한다. '9시 등교, 도입할 것인가', '동성결혼을 합법화할 것인가', '시리아 난민을 수용할 것인가', '핵발전소를 증설할 것인가', '낙태를 합법화할 것인가', '스포츠 선수에 대한 병역 특례는 정당한가' 등의 주제가 그러하였다. 그렇다고 시의성이 있는 주제만 논제로 뽑지 않아도 좋다. '외모도 경쟁력인가, 또 다른 차별인가', '정당한 테러란 존재하는가', '길거리에 쓰러진 노숙자, 누가 책임져야 할까' 등과 같은 다른 접근의 논제들 또한 학생들이 흥미로워했던 논제들이었다.

논제 선정 시 보이텔스바흐 세 번째 이해관계 인지 원칙을 달성할 수 있느냐 하는 것도 중요하게 고려해야 할 요소이다. '휴대폰을 일괄 수거하는 학생생활규정을 개정할 것인가', '대학입시에 봉사활동을 반영하는 것은 바람직한가', '선거 연령을 낮출 것인가', '지역균형선발제도는 정당한가'와 같은 논제는 학생들의 일상생활과 밀접하게 연결되어 있기에 이해관계를 기반으로 분석하고 판단하기에 용이한 주제이다.

'선거 연령을 낮출 것인가'는 그간 자주 사용했던 논제였는데, 학생들이 상황과 특성에 따라 다른 반응들을 보여 흥미로웠다. 대개는 찬성과 반대가 비등비등했는데, 어느 해에는 반대 입장이 압도적이었다. '우리는 선거에 참여할 만큼 수준이 안 된다'며 선거권을 주면 안 된다는 경험적인 주장에 매몰되어 갔다. 그때 '선거 연령이 낮아졌을 때 우리가 생활하고 있는 학교의 모습은 어떻게 바뀌게 될까?', '유권자인 우리가 보내는 이 공간은 어떻게 달라지게 될까?'라고 질문을 툭 던지니 갑자기 학생들의 눈빛이 또랑또랑해졌다.

논쟁 수업 후 학생들은 내 주장이 설득력을 가지려면 무엇보다 신뢰도가 높고 충분한 자료가 중요하다는 사실을 아이들 스스로의 입으로 말하기 시작했다. 물론 승패 구도의 부작용이 없지는 않았다. 하지만 상대방의 의견보다 나의 의견이 더 합리적이라는 것을 설득하기 위해서는 다른 사람의 의견을 세심히 들어야 한다는 것도 배워 나갔다. 오히려 아이들은 겸손해졌다. 내 주장에 고개를 끄덕이게 하려면 화려한 언변이 아닌 사람의 마음을 움직이는 힘이 있어야 한다는 것도 느끼게 되었다. 성적에 따른 줄 세우기로는 드러나지 않았던 몇몇 친구들이 자신감을 얻어 학급의, 학교의 주인공으로 섰다.

## ● 프랑스 카페와 같은 학교를 꿈꾸며

최근 학교에서는 디베이트 방식의 문제점을 극복하고자 '협력적 토론', '비경쟁식 토론'을 시도하고 있다. 마치 스포츠 경기를 하듯 승패를 겨루는 각종 토론대회들도 그 틀을 바꿔 나가고 있다. 초·중·고등학교 모두 쉽게 다가갈 수 있는 그림책 토론도 다양한 방식으로 학교현장에 확산되고 있다. 경기도교육청에서 제작한 『더불어 사는 민주시민』 교과서의 경우 논쟁 수업에 적극 활용해 봄 직하다.

무엇보다 중요한 것은 논쟁 수업이 우리의 삶의 습관으로 녹아나야 한다는 점이다. 우리 일상의 공간인 교실에서, 교무실에서, 학교의 다양한 공론장에서 삶의 일부로 발현되어야 한다. 민주주의는 필연적으로 시끄러우며, 더디 가는 것임을 인내해야 한다. 이제 봉합되어 있는 논쟁들을 해제하는 작업이 필요하다. '정치적 중립성'이라는 허구와 과감히 단절해야 한다. 아이들에게 돌이 모가 나 있는 것은 당연하다고 마음에서 우러나는 지지를 보내 주어야 한다. 프랑스의 카페는 일상적인 토론과 논쟁의 장소로 프랑스 문화를 만들어 왔다고들 한다. 학교라는 민주주의의 정원에 카페의 자리는 어디이며, 어떤 모습이어야 할까.

# 5장
## 앎과 삶이 하나 되는 민주시민교육

김서정

------------------● **배웠는데 왜 실천하지 못할까**

　최근 우리는 많은 뉴스 기사를 통해 사회 지식인층의 범죄를 무수히 접하게 된다. '배운 사람이 왜 저래?', '알 만한 사람이 그래?'라는 말 속에는 잘 배운 사람은 잘못을 행하지 않을 것이라는 가정을 전제한다. 그러나 우리는 이러한 가정을 거스르는 사례를 무수히 접하게 된다. '공부 중독' 사회라 불릴 만큼 열심히 공부하고, 많이 알고 있는데 왜 배운 것을 제대로 행하지 못할까. 아마도 행하는 것에 서툴거나, 행할 필요성을 못 느끼거나, 행함을 저해하는 장애물이 존재하거나 이유는 많다. 어찌 되었든 배운 것을 실천하는 과정이 삶 속에 자연스레 녹아 있지 못한 것은 분명해 보인다.

　우리가 배우는 과정을 들여다보자. 학교는 지식만 배우는 곳이 아니라고들 한다. 그럼에도 늘 학습의 마지막은 지식 위주의 평가로 귀결된다. 열심히 공부해서 많이 알면 평가에서 높은 점수를 받을 수 있지만 배운 지식을 실천하지 않는 것은 평가의 주요 관심사가 아니다. 즉 배움의 영역에서 실천은 필수 불가결의 요소는 아니라는 것이다. 우리 교육은 실천을 유예하는 것에 익숙하다.

'잘 배워서 사회에 나가면 잘 실천하게 되겠지. 지금은 성적만 잘 받으면 돼.'

'민주시민 양성'이라는 우리 교육의 목적 또한 민주시민에 대해 가르치면 사회에 나가서 민주시민으로 살아갈 것을 기대하는 것이다. 그러나 아는 것을 실천할 기회가 없었던 반쪽짜리 배움을 통해 민주시민으로 살아가길 기대한다는 것은 지나치게 이상적인 모습을 좇고 있는 것으로 보인다.

조금 더 좁혀 교육과정 속을 들여다보자. 교육과정에 제시된 성취기준을 가르치다 보면 실천을 위한 물리적 시간을 확보하는 것 자체가 어렵다. 그래서 교육과정 재구성에 많은 시간을 할애한다. 예컨대 '삼국의 문화', '통일신라의 문화', '발해의 문화' 단원을 '고대의 문화'로 통합하여 가르치는 것이다. 그러나 적극적인 교육과정 재구성의 몸부림에도 불구하고 늘 진도는 빠듯하다. 게다가 교육과정 성취기준은 대부분 '~을 이해하고(지식 영역) ~을 할 수 있다(이해 또는 설명할 수 있다(행동 영역))'는 형식을 취한다. 그렇다면 행동 영역이 앎의 실천과 연계되어 있지 않을까? 그러나 행동 영역이라는 부분도 아는 것에 대해 말로 설명하거나 탐구하는 것을 강조하고 있다. 배움이 삶의 실천과 동떨어진 경우가 많다.

▶ 교육부 고시 제2015-74호 [별책 7] 사회과 교육과정

[10한사06-01] 1910년대 일제의 식민 지배 정책과 국내외에서 전개된 민족 운동을 살펴보고, 3·1 운동과 이를 계기로 수립된 대한민국 임시 정부의 역사적 의의를 파악한다.

[10한사06-02] 3·1 운동 이후 일제 식민 지배 정책의 변화를 살펴보고, 1920년대 국내외에서 전개된 민족 운동의 흐름과 특징을 탐구한다.

[10한사06-03] 1930년대 이후 일제가 추진한 징병, 징용, 일본군 '위안부' 강제 동원 등의 전시 수탈과 우리말 사용 금지와 같은 민족 말살 정책을 파악하고, 1930~1940년대 국내외 민족 운동의 흐름과 건국 준비 활동을 이해한다.

2015 교육과정에서 성취기준은 '학생들이 교과를 통해 배워야 할 내용과 이를 통해 수업 후 할 수 있거나 할 수 있기를 기대하는 능력을 결합하여 나타낸 수업 활동의 기준'이라 명시하고 있다. 위의 경우에서 '~을 이해한다', '~을 파악한다', '~을 탐구한다' 등의 성취기준을 달성하였다고 가정할 때 이 학생들은 어떤 학생이 되어 있을까? 결국은 성취기준도 '지식을 아는 것'에 편중되어 있다는 것이다. 다시 말하면 배움의 결과 학생이 보여야 할 성취기준 자체가 앎을 실천할 기회를 찾아보기 힘든 구조이다. 초등의 경우 한 교사가 여러 과목을 가르치다 보니 교육과정 재구성이나 실천에 대해 보다 적극적인 반면 고학년이 될수록 앎과 삶이 분리되

는 현상은 더 심해진다. 특히 중등 일반계고는 입시 위주 교육으로, 특성화고는 기능 위주 교육으로 가치나 정의적 영역의 실천 교육에 어려움이 있다. 그저 교사 개인의 의지에 맡겨질 뿐이다. 따라서 많이 배운 사람이 바르게 행동한다는 앎과 삶의 등식은 성립하기 어렵다.

우리나라 교육의 목적은 민주시민의 자질을 양성하는 데 있다. 교육을 통해 민주시민의 자질을 지녔다고 함은 무엇을 의미할까? '자질'의 일반적 의미를 '어떤 분야의 일에 대한 능력이나 실력'으로 본다면 민주시민의 자질이 있는 사람은 민주시민으로 살 수 있는 능력이 있는 사람이 된다. 따라서 민주시민의 자질은 단순히 민주시민을 지식으로 학습하는 것만을 의미하는 것이 아니라 그 가치를 내면화함으로써 민주시민으로 행동하며 살아갈 수 있는 것을 의미한다. 민주시민이 무엇인지 알지만 민주시민으로 행동하지 않는 사람에게 민주시민의 자질을 갖추었다고 표현하지 않는 것처럼 우리가 무엇을 알게 되었다고 할 때 참된 앎이란 지적·정의적·행동적 영역을 포함하는 포괄적 능력이다.

[ 표 5-1 ] 시도교육청별 학력 개념

| 구분 | 키워드 | 개념 |
|------|--------|------|
| 경기도교육청 | 참된 학력 | 교육 목표의 달성도로서 학습을 통해 습득한 교과 지식뿐만 아니라 사고력, 문제해결능력, 창의력 등의 지적 능력과 성취 동기, 호기심, 자기 관리 능력, 민주적 시민가치 등의 정의적 능력까지 포함하는 포괄적이고 총체적인 능력 |
| 전라북도교육청 | 참학력 | 스스로 배우고 새롭게 생각하며 더불어 살아가는 힘 |
| 충청북도교육청 | 미래학력 | 배움을 즐기고 따뜻한 품성을 지닌 민주시민 |

성열관 교수 등은 「새로운 학력 개념 정립 및 구현 방안 연구」 2016에서 이 시대가 요구하는 새로운 학력(신학력)에 대하여 다음 과 같이 정의하였다.

학교교육을 통해 길러진 지성, 감성, 시민성이 조화롭게 발달된 결과로서 합리적으로 깊게 생각하는 힘, 타인의 처 지를 공감할 줄 알고 느낀 것을 표현하는 힘, 인간의 자유와 평등을 위해 실천하는 힘을 말한다.

즉 배워서 안다는 것은 학교교육을 통해 지성, 감성, 시민성이 조화롭게 발달되어 지적으로, 정의적으로, 행동으로 나타날 수 있 어야 함을 강조하였다.

## ● 실천의 경험 만들기

마이클 애플 교수는 "바람직한 교육은 가치를 가르치는 것이며 특히 학교에선 민주적 가치를 가르쳐야 한다. 이를 위해 학생들이 스스로 생각하며 비판적 민주주의를 연습할 수 있도록 해야 한다" 라고 했다. 그러면서 민주학교가 되기 위한 다음 두 가지 과제를 제시하였다. 하나는 학교에서 민주적인 생활 방식이 실현될 수 있 도록 하는 민주적인 구조와 과정들을 만들어 내는 일이다. 다른 하 나는 학생들에게 민주적인 경험을 제공할 수 있는 교육과정을 만들어 내는 일이다. 우리가 아이들을 민주시민으로 길러 내기 위해서는 학교 자체가 민주적이어야 한다는 것이다. 여기서 '학교의 구조를 민주적으로 만들어 내는 것'은 교사 개인의 의지만으로 해결될 수 없지만 '민주적 경험을 제공하는 것'은 내 수업 속에서 충분히 가능하다. 잘 배워서 미래에 민주적 가치를 행하는 것이 아니라 지금 현재 민주시민으로 행하도록 실천의 기회를 제공해야 한다.

고등학교 한국사 교육과정을 재구성하여 실천한 사례를 보자. 교육과정-수업-평가-기록의 일체화 과정을 통해 수업한 내용을 실천으로 연결하였다. 1단계는 학생들에게 맞게 실천의 경험을 제공하기 위해 성취기준을 재구성하였다. '파악한다'(지식)+'이해한다'(지식) 형식으로 구성된 성취기준을 '파악한다'(지식)+'참여할 수 있다'(행동)의 형식으로 재구성하였다.

| 성취기준 | 성취기준 재구성 |
|---|---|
| [10한사06-03] 1930년대 이후 일제가 추진한 징병, 징용, 일본군 '위안부' 강제 동원 등의 전시 수탈과 우리말 사용 금지와 같은 민족 말살 정책을 파악하고, 1930~1940년대 국내외 민족 운동의 흐름과 건국 준비 활동을 이해한다. | [10한사06-03] 1930년대 이후 일제가 추진한 징병, 징용, 일본군 '위안부' 강제 동원 등의 전시 수탈과 우리말 사용 금지와 같은 민족 말살 정책을 파악하고 역사 문제 해결을 위한 활동에 참여할 수 있다. |

2단계는 재구성한 성취기준을 바탕으로 학생들의 학습 경험을 만들기 위해 수업을 디자인했다. 먼저 교사의 강의와 학생들의 자료 탐색으로 전시 동원과 민족 말살 정책을 파악한다. 그런 다음 위안부 문제를 해결하기 위한 홍보 자료를 제작하고 이 자료를 통해 직접 홍보 활동에 참여하도록 하였다.

| | 1단계: 무엇을 배우는가? | |
|---|---|---|
| 성취 기준 | [10한사06-03] 1930년대 이후 일제가 추진한 징병, 징용, 일본군 '위안부' 강제 동원 등의 전시 수탈과 우리말 사용 금지와 같은 민족 말살 정책을 파악하고, 1930~1940년대 국내외 민족 운동의 흐름과 건국 준비 활동을 이해한다. | |
| 성취 기준 재구성 | [10한사06-03] 1930년대 이후 일제가 추진한 징병, 징용, 일본군 '위안부' 강제 동원 등의 전시 수탈과 우리말 사용 금지와 같은 민족 말살 정책을 파악하고 역사 문제 해결을 위한 활동에 참여할 수 있다. | |
| 학습 요소 만들기 | 지식(~을 안다) | 기능, 태도(~을 할 수 있다) |
| | 1930년대 이후 일제가 추진한 징병, 징용, 일본군 '위안부' 강제 동원 등의 전시 수탈과 우리말 사용 금지와 같은 민족 말살 정책을 파악한다. | 역사 문제 해결을 위한 활동에 참여할 수 있다. |

| | 2단계: 어떻게 배우는가? |
|---|---|
| 학습 경험 만들기 | 1930년대 민족 말살 정책<br><br>1단계(강의): 1930년대 전시 수탈(징용, 징병, 위안부 강제 동원)과 민족 말살 정책 파악하기<br>⇩<br>2단계(자료 탐색): 일본군 위안부 문제 조사하기<br>⇩<br>3단계(자료 제작): 일본군 위안부 문제 홍보 활동 자료 제작하기<br>⇩<br>4단계(실천하기): 일본군 위안부 문제 홍보 활동 참여하기<br>⇨ 교내 홍보, 또는 교외 홍보(수요집회 참석하기, SNS 홍보)하기 |

| | 3단계: 무엇을 어떻게 평가할 것인가? | | | |
|---|---|---|---|---|
| | 지필평가 | 수행평가 | | |
| 평가 하기 | 지필평가(1문항)<br>- 1930년대 전시 수탈과 민족 말살 정책 | 수행평가(30점) | | |
| | | 평가영역 | 평가기준 | 배점 |
| | | 1.<br>위안부 문제<br>홍보 자료 제작 | •주제에 대한 이해에 역사적 오류가 없는가? | 6점 |
| | | | •탐구 주제에 대한 특징 잘 드러나도록 제작하였는가? | 6점 |
| | | 2.<br>위안부 문제<br>교내 홍보 활동 | •위안부 문제에 대해 직접 홍보 활동에 참여하였는가?<br>-모둠 내 평가(6점), 모둠별 평가(6점), 교사 평가(6점) | 18점 |
| | | 3.<br>위안부 문제<br>교외 홍보 활동 | •교외 홍보 활동: 자율 참석<br>-방학이나 공휴일 이용 수요집회 참석, 소녀상 되어 보기 SNS 홍보하기 | 0점 |

3단계는 학습 경험을 수업 시간에 그대로 평가하는 것이다. 평가의 대상은 성취기준에 따라 수업한 내용이다. 성취기준을 지식+행동(실천)으로 나누었으니 두 영역을 함께 평가하는 것이 바람직하다. 따라서 지식의 영역은 지필고사로, 행동 영역은 수행평가로 평가하였다.

1910~1930년대 일제의 통치 방식을 머리로만 이해하는 것이 아니라 이와 관련해 현재 우리 삶과 맞닿은 역사 문제 해결에 직접 참여하는 기회를 가졌다. 학교에서 배운 지식은 그저 교과서 속에 존재하는 것이 아니라 학생들이 살아가는 현재 속에서 삶과 통합될 수 있는 경험을 제공하도록 해야 한다.

위안부 문제 홍보 현수막 제작

위안부 문제 홍보 포스터 제작

위안부 문제 홍보 교내 전시회

위안부 문제 홍보 포스터 학생 작품

위안부 문제 교내 홍보 활동

위안부 문제 교외 홍보 활동(수요집회 참석)

'소녀상 되어 보기' SNS 홍보 교내 게시 자료       '소녀상 되어 보기' SNS 홍보 참여

그러나 이처럼 수업 시간에 학습한 내용을 직접 실천하였다고 할지라도 그것이 학생들에게 내면화되지 못한다면 의미 없는 일회성 활동에 불과하다. 학생 개인에게 내면화됨으로써 지속성을 가지고 학생들의 성장을 이끌 수 있을 때 비로소 시민으로서의 실천 역량이 함양되었다고 할 수 있을 것이다. 활동만 가득하고 성장이 없는 수업이 되지 않도록 항상 경계하게 된다.

저희가 만든 포스터로 홍보 활동을 했다는 자부심과 뿌듯함이 너무 컸어요! 나중에 제가 해외여행 가서 개인적으로 홍보 활동을 해 보고 싶은 마음이 가득 들었습니다.

_교원능력개발평가 학생 서술형 답변

위안부 문제 홍보, 영국 박물관 오류 시정 편지 쓰기 등 우리의 역사 문제 해결을 위한 여러 활동을 통해 앞으로 우리 역사를 더 지키고 싶다는 생각이 듭니다.

_교원능력개발평가 서술형 답변

선생님과 함께한 수요집회 이후에 두 번이나 홍보를 갔어요. 우리가 만든 홍보물을 소녀상 앞에 놓고 홍보하고, 제가 만든 털모자와 저희 할머니가 만든 털목도리를 따뜻하게 씌워 주었어요. _학생이 보내온 메시지

학생 개인의 홍보 참여(수요집회)　　　학생 개인의 홍보 참여(평촌중앙공원)

또 하나 유의해야 할 점은 지식+행동으로 나누어 수업하고 평가할 때 행동 영역의 모둠평가에서 늘 제기되는 문제가 있다. 무임

승차 문제이다. 공부를 잘하는 아이들은 그렇지 못한 아이를 끌고 가야 해서 힘들어한다.

모둠 수업 때문에 너무 힘들어요. 선생님은 내가 힘든 걸 모르시는 것인지 알면서도 모른 척하시는 건지 모르겠다.
_교원능력개발평가 서술형 답변

반대로 공부를 잘하는 아이들 중 일부는 자신의 개인평가만 집중하고 모둠평가에서는 숟가락만 얹고 가려는 경우도 있다.

애들이 모둠에서 아무것도 안 하려고 해서 제가 다 해서 냈어요. 근데 그 애들이 다 저보다 공부 더 잘하는 애들이에요. _교원능력개발평가 서술형 답변

완벽한 해결책은 없지만 우선 평가를 다변화함으로써 무임승차의 문제를 보완하고자 하였다. 행동 영역의 타당성과 신뢰도를 위해 모둠 내 평가, 모둠별 평가, 교사 평가 등 보다 다면적 평가를 적용하게 되었다. 그런데 이때 한 학생이 자신의 점수에 이의를 제기하러 왔다. 평가 결과를 보니 모둠 내 평가에서 모둠 친구들에게 낮은 점수를 받은 것이었다. 모둠원들이 어떤 이유에서 낮은 점수를 부여했는지를 듣고는 스스로 인정하고 돌아갔다. 그러나 이와 같은 평가의 다변화가 하나의 방법일 수는 있지만 이보다 더 중요한 것은 힘든 모둠활동을 왜 해야 하는지, 민주시민 양성이라는

교육의 궁극적 목적이 무엇을 의미하는지 아이들과 함께 생각할 수 있는 시간을 갖는 것이다. 대부분의 과목에서 모둠활동을 하고 있지만 이것이 왜 필요한지에 대해 시간을 할애한 교사는 그리 많지 않다. 제대로 하지 않는 학생에게 평가 점수로 패널티를 주기보다는 왜 제대로 해야 하는지를 학생들이 이해하고 스스로 잘하게 하는 것이 더 중요하지 않을까? 민주시민으로서 배움을 실천하는 것의 중요성을 교사와 학생이 함께 공유하는 것이 무엇보다 필요하다.

## ● 앎과 삶의 통합을 위한 교육과정 재구성

앎을 실천하는 학습 경험을 구성하기 위해 가장 현실적인 문제는 진도나가기식 교육과 지식 위주 교육 문제를 극복하는 것이다. 이는 입시제도 등 우리 사회 전반에 누적된 문제로서 더욱 근본적인 해결이 필요하지만, 좁게 보아 그 출발선은 교육과정의 적정화와 자율성 확보로부터 시작될 수 있다. 교육과정의 적정화와 자율성이 확보될 때 비로소 교사 수준에서 교육과정(성취기준)에 대한 적극적인 재구성이 가능해지며, 진도에 얽매이지 않고 학교와 학생의 특성에 맞는 수업이 가능하다. 말로는 국가수준 교육과정을 최소화하고 교사들의 교육과정 자율성을 장려하지만 실제 교육과정의 내용은 아직도 지식 요소가 과다한 수준이며 우리 교육의 궁극적 목표인 민주시민을 양성하기에는 역부족이다.

그러나 설사 교육과정의 자율성이 확보되었다고 해도 성취수준의 내용은 학생들이 배운 내용을 실천하고 내면화하기에는 현실적으로 어려움이 많다. 교사들이 교육과정을 지식+행동으로 재구성함으로써 실천의 경험을 만들어 내려면 교사들의 교육과정 문해력, 교육과정 재구성과 관련한 전문성 향상에 대한 적극적인 지원이 필요해 보인다. 지금 우리는 지나치게 교사 개인의 역량에 의존하고 있으며 교사 간 편차를 개인의 열정으로만 치부하고 있지는 않은지 되돌아보아야 한다. 새 학기 우리 아이가 어떤 교사를 만나느냐가 '복불복 게임'이 되지 않아야 한다. 어떤 지역의 어떤 학교에 있든지 지역사회와 학생들의 특성에 맞도록 교사가 전문성을 발휘할 수 있는 시스템을 고안해야 할 것이다.

# | 3부 |

# 체제의 민주성

# 1장
## 학교 조직 문화와 분산적 리더십

반수정

한국 사회의 민주주의 발전은 학교 조직의 민주화에도 영향을 미쳐 왔다. 그렇지만 여전히 학교에는 권위적 명령체계가 존재하고 있으며, 최고 관리자가 학교의 문제를 좌지우지하는 문화가 사라졌다고 자신할 수 없다. 학교마다 머리를 싸매고 고민하고 있는 민주적 의사소통의 부재, 신뢰를 바탕으로 한 협력적 관계의 부족은 학교의 성장을 저해한다. 교사 스스로 문제를 인식하고, 개선해 나가고자 하는 노력이 있을 때 학교는 민주주의의 정원으로 자리를 잡을 수 있다.

### ● 동조와 순종의 학교 조직 문화

학교를 운영하기 위해서는 결정해야 할 것이 너무도 많다. 교직원회의를 통해서 할 수도 있고, 기획회의라는 부장회의에서 논의할 수도 있다. 학교 경영에 필요한 무엇인가를 결정해야 할 때 공동체 모두의 의견을 수렴해서 해야 한다는 것은 누구나 알고 있는 사실이다. 하지만 현실은 그렇지 않은 경우가 비일비재하다. 회의는 전달에서 시작해서 전달로 끝나는 경우가 많고, 누군가 의견을 제시하면 적고만 있는 교사, 나와는 상관이 없다고 생각하는 교사, 그저 결정된 대로 따르기만 하겠다고 하는 교사들이 있다. 또한 이제까지 그래 왔기 때문에 변화를 도모할 필요가 없다고 생각하는 교사도 많다. 이런 분위기에서 다른 생각을 가진 교사는 자신의 의견을 피력하기에 역부족이다. 자의 또는 타의로 자신의 목소리를 내기에 어려움을 겪거나 목소리를 내기에는 동료의 시선이 두려움으로 다가오는 경우도 있을 수 있기 때문이다.

비판 없는 동조는 민주주의를 방해하는 요소임이 분명하다. 신뢰와 존중이 바탕이 되지 않는 분위기 속에서는 목소리가 큰 교사 또는 경력이나 나이가 많은 교사들이 학교 조직 문화를 이끌어 가기도 한다. 심지어 자기 의견을 내는 것보다 다수의 의견을 따라가겠다고 의견을 내는 경우도 존재한다. 마치 학교가 어찌 돌아가든 '내 알 바 아니라는 식'이다. 이는 권력을 소유한 소수의 관리자보다 더 위험한 사고이다. 개선의 의지보다는 이래도 저래도 상관없다는 무사유가 존재하는 한 학교 조직 문화는 바뀌기 힘들다. 이는 학교 안의 의사결정권을 마비시키거나 스스로뿐만 아니라 동료들의 생각까지도 멈추게 한다. '의견 없음'이라는 조직 안에서의 행위는 더 나아가 잘못된 상황을 개선해 보려는 노력을 불필요하게 만드는 무언의 압박이 될 수도 있다. 신뢰 속에서 의사결정을 하고, 자신의 이익보다는 공익을 우선하면서 학교 문제를 해결해 나가야 건강한 학교문화를 만들 수 있다.

권위에 대해서도 마찬가지다. 직위가 높은 사람들에게 순종하는 문화는 민주주의를 저해하는 요소라는 것을 누구나 알고 있지만, 쉽게 바뀌기 힘들다. '결정권 제로'의 습성화로 말을 하지 않는 교사들은 학교라는 곳이 민주주의의 정원이라는 것을 믿지 않는다.[박순걸, 2009] 나 혼자만의 힘으로 될 것 같지 않고, 그동안의 좌절을 익히 알고 있기 때문이다. 침묵하는 교사들, 그리고 결정권이라는 무기를 가지고 학교 경영을 통제하고자 하는 관리자들, 이런 분위기 속에서는 민주적인 학교문화를 기대할 수 없다. 학교 조직 문화는 교사들의 이야기를 그대로 들을 수 있는 분위기일 때 성장할 수 있다. 특정인에게 집중되어 있는 권위로는 학교 조직 문화가 성장하기 어렵고, 오히려 조직 문화뿐 아니라 동료 관계에서도 좋지 않은 영향을 미치기 쉽다. 동료의 응원과 지지가 있고, 비판적인 시각을 가지며 문제를 해결하고자 하는 의지가 있어야 소통하는 학교라고 말할 수 있을 것이다.

## ● 학교 조직에서의 분산적 리더십

한 사람이 조직 변화를 담당하고 책임을 지며 권위가 집중되던 과거 학교문화의 대안으로 다양한 개인과 집단의 능동적 참여와 의사결정을 유도하는 분산적 리더십이 부상하고 있다. 관리자와 교사, 학생과 교사, 교사와 부장교사 등 복잡한 학교 조직에서 특정한 사람에게 집중된 리더십으로는 학교 조직의 민주적인 문화를 발전시킬 수 없다. 모두가 공동체 구성원의 일원으로서 상황과 역할에 따라 지도성을 발휘해야 민주적인 문화가 발전할 수 있을 것이다.

오늘날 대부분의 학교에서는 교직원 협의회를 한다. 직원들이 모여서 협의를 하는 시간이지만, 교무부장이 시작하고, 중간중간에 업무 담당 계원이 전달사항을 말한다. 전달에서 시작해서 전달로 끝나는 형식적인 자리가 아닐 수 없다. 이러한 상황의 돌파구를 마련해 줄 수 있는 것이 바로 분산적 리더십이다. 분산적 리더십은 한 사람에게 집중된 리더십의 한계를 인식하고, 조직이 직면한 문제 및 이슈에 대한 민주적 의사결정을 통해 조직 역량과 개인의 전문성을 극대화하기 위한 접근이다.임영애, 2013 분산적 리더십을 학교 조직에 적용하면 학교장만 리더십을 발휘하는 것이 아니라 교감, 부장교사, 일반 교사 등 모두가 학교 조직의 구성원들로서 상황과 역할에 따라 지도성을 발휘할 수 있다. 최근 학교 조직에 요구되는 '학교 안 민주주의'를 통한 효율적인 학교 운영을 하기 위해서도 모든 구성원의 노력과 책임 분산 및 공동의 노력을 강조하는 분산적 리더십을 실행하는 것이 필요하다.강경석, 2016 분산적 리더십은 학교 조직 안에서 교사들의 능동적이고 협력적인 수업 활동을 돕고, 적극적인 참여와 의사결정 등을 실현할 뿐 아니라 학교 조직의 민주적 문화에 긍정적인 영향을 주게 된다. 학교 조직의 비민주적인 상황이나 잘못된 조직 문화를 개선하기 위해서 분산적 리더십이 최근 주목을 받게 되는 이유가 여기에 있다.임영애, 2013 학교 안에서 교육과정을 비롯해 학사일정, 다모임 등 여러 영역에서 모두가 참여하고 역할을 나눈다면 적극적 참여가 있는 소통하는 학교가 되지 않을까 생각해 본다.

교실 안에서도 마찬가지다. 학교 조직 문화 안에서 분산적 리더십이 교사공동체에만 해당하는 것은 아니다. 교실 안에서 교사들은 스스로 분산적 리더십을 지니고 있는지 재고해 볼 필요가 있다. 여전히 지도와 훈육이라는 명목하에 교사의 권력을 내세우고 있지는 않은지, 학생과의 관계에서 서로에 대한 존중과 배려, 인정의 체제보다는 '나는 교사, 너는 학생'이라는 이분법 속에서 교실안의 삶이 구성되는 것은 아닌지 성찰해 보아야 한다. 학교 안의 교장, 교감 등의 관리자가 독점적인 리더십을 발휘하는 것을 비판하면서, 교실 안에서는 교사 1인만이 리더십의 주체가 된다면 교사 스스로 민주주의를 저버리게 되는 것이다. 다수의 학생과 교사가 모두 교실 안에서 리더십을 발휘하며 학급의 일에 적극 참여하고, 개방적으로 소통하며 실천한다면 이는 민주주의를 체화함과 동시에 민주시민교육의 바탕이 되리라 생각된다.

민주주의의 성장을 위해서는 모두가 인정받는 주체적인 구성원이어야 한다. 누가 더 큰 힘을 발휘하고, 누가 더 큰 권력을 앞세우고, 누가 더 큰 목소리를 내는 것이 정해져 있다면 민주주의는 성장할 수 없다. 교실에서는 모두가 분산적 리더십을 지니고 서로 존중을 통해 작은 힘들이 모여서 큰 힘을 이루어 나갈 수 있도록 해야 한다. 자신의 의견이 관철되지 않을 수 있지만, 모두의 참여와 협의 속에서 결정이 이루어진다면 수긍하면서 민주주의를 경험하지 않을까. 한 번에 만들어지는 공동체는 없으며 실패가 없으면 그 성공도 모래 위에 쌓은 성이 될 수 있다. 포기하지 않고, 상황을 외면하지 않으며 학교 구성원들의 끊임없는 노력으로 갈등을 해결해 나간다면, 분명 학교 조직 문화 안에서의 민주주의는 성장할 뿐 아니라 실질적인 학교 개선의 길이 되리라 본다.

# 2장
## 민주주의는 시끄러움을 견뎌 내는 것
### 학생자치회 활동을 중심으로

김인철

● '마련해 준'이 아닌 '마련하는' 학생자치회로의 도약

현재 모든 학교에는 학생자치회가 존재한다. 회장, 부회장, 서기, 각 부서의 부장, 차장 등으로 임원 조직이 편성되어 있으며 학교 실정에 따라 부서를 지원하는 조직이 따로 운영되기도 한다. 혁신 교육의 성과 덕분인지 학생자치의 역할은 초·중등교육법 제정 등 법적 정비와 함께 학생자치회 전용 공간 및 독립된 예산 편성, 학교운영위원회의 학생자치회 대표 참가 등 제도적 정비도 이루어지고 있다. 하지만 정비된 내용이 학교현장에 스며들고 있는지는 미지수이다. 올해 경기도의 경우 학교회계 예산 편성 지침을 내려 학생자치회 운영비를 200만 원 이상 편성할 것을 권장하고 있으며 학생자치회 운영을 위한 담당 교사의 독립된 업무 부여(학교폭력·생활교육 업무와 분리 권장) 및 학생자치활동 전담부서 설치를 권장하고 있다. 공문상에 명시된 '권장'이라는 표현 때문인지 학교현장은 관행에 따라 타율적으로 움직일 뿐 학생자치를 바라보

는 시각이 무척이나 더디다. 물론 과거의 학생자치회에 비해 놀라운 발전을 한 것은 사실이다. 하지만 여전히 많은 학교의 학생자치회는 학교 측에서 마련해 준 체육대회, 축제 정도에 학생자치회가 일정 부분 관여하는 정도가 지금의 현실이다. 학교 그리고 교사의 인식이 학생들은 어리고 가르침을 받아야 하는 미성숙한 존재라는 생각이 더딘 현실을 만들고 있지 않은가.

듀이Dewey, 2008는 저서 『민주주의와 교육』에서 아동을 '미성숙'이라고 보는 관점을 경계한다. 그는 미성숙을 단순히 결여로 간주하여, 성장을 미성숙과 성숙 사이의 틈을 메우는 것으로 보는 경향을 비판한다. 이는 아동기를 그 본질에서가 아니라 다른 것과 비교해 파악한 데서 온 우리의 그릇된 시각을 얘기한다. 비교가 아닌 그 자체로 파악할 것을 주장하고 있으며, 생명이 있는 곳에는 이미 강하고 격렬한 활동력이 존재함을 말한다. 가르친다는 교만을 버려야 한다.

학교에서 '마련해 준'이 아닌 학생들 스스로 '마련해 가는' 학생자치회를 위해 전년도에 토론회를 통해 선출된 회장단에게 각 부서의 부장, 차장들을 공개적인 면접을 통해 선발하도록 하였다. 3월 초 임원 구성이 끝난 후 전체회의에서 '마련해 가는' 학생자치회의 의미와 그것을 위해 어떻게 해야 하는지 논의가 있었다. 그 결과 두 가지의 방향을 정하였다.

먼저 공부하는 학생자치회를 만들어 보고자 하였다. 시민교육의 방향 속에 학생자치의 의미와 학생자치를 둘러싸고 있는 학교 환경을 비판적으로 바라보고, 그 토대 위에 사업과 프로그램을 운영하기로 하였다. 이를 위해 학생자치회를 창의적 체험활동 정규 동아리(학생자치문화 연구반)로 편성하고 시간 확보를 통해 민주시민 교육 관련 책 『가장 민주적인, 가장 교육적인』[2018]을 읽고 부서별 발제 및 토론으로 이어졌다.

　다음으로는 학생자치회의 연간 사업 계획을 정하는 것이다. 회장단 그리고 각 부서별로 추진 사업을 계획하고 모아진 의견들 중에 역점 사업을 정하여 자치회 구성원이 함께 움직이기로 하였다. 선생님들과의 공감대를 넓히고 도움을 요청하기 위해 고민하던 중 학생자치회의 연간 사업을 선생님들께 설명하고 도움을 구하자는 의견이 모였고, 4월 초 "학생자치회·교직원회! 학교를 대對하다"라는 프로그램을 기획하고 운영하게 되었다. 학생자치회의 사업들은 교직원회 각 부서(교육과정부, 인문사회부, 교육안전부, 학생인권부, 예체능부, 행정실 등)에서 지원 방안을 모색하고 반영/부분 반영/미반영으로 나누어 학생자치회에 전달되었다.


## 민주주의는 시끄러움을 견뎌 내는 것

　학생자치회 올해의 사업들을 평가하는 자리에서 가장 많이 나온 얘기는 '관계'의 문제였다. 사업에 대한 평가 또는 폐지가 대다수일 줄 알았던 내게 '관계'의 문제는 충격적이었다. 듀이[2008]는 공동체 속에서의 의사소통을 강조하면서 다음과 같이 말한다. "각자는, 다른 사람이 무엇을 하는지 알아야만 하고, 또 어떤 방법으로든 자기의 목적이나 자기가 하는 일을 남에게 알릴 수 있어야만 한다. 합의는 의사소통을 필요로 하는 것이다." 학생들은 스스로 깊어지고 넓어지고 있었다. 단순히 사업을 처리하는 것이 아닌 일반 학생들과의 의사소통을 고민하고 있으며 학생자치회의 역할과 방향을 분명히 알고 있다. 학생들의 의견이 부족할 수밖에 없는 이유에 대해 상황을 공감하고 있으며, 어떻게 하면 학생자치회의 사업들을 알릴 것인지 방향도 제시하고 있다.

> 사실 올해에는 학생회가 주도적으로 다양한 행사나 캠페인을 진행하는 식의 활동을 주로 했습니다. 그러나 학생회는 엄연히 학생의 이익과 권리를 대변하는 기구인 만큼, 학생회 사업은 학생들의 의견을 바탕으로 해야 하는데 학생들의 의견을 수렴하려는 노력이 다소 부족했던 것 같습니다. 전교생을 대상으로 요구 사항을 조사해도 수학여행 같은 반복되는 의견들만 주로 나오는 게 사실입니다. 평소 생각해 본 적이 없는데, 갑자기 원하는 걸 말하라 하니 학생들도 뭘 써야 할지 생각이 나지 않았을 수도 있습니다. 이런 상황을 막기 위해서는 수시로 학생들의 의견을 묻고 들어야 할 것입니다. 학생자치회가 학생들을 대변해 주고 의견을 적극적으로 받아들인다는 것을 알면, 학생들도 학생자치에 관해 관심을 가지고 적극적으로 참여하지 않을까 싶습니다.
>
> _학생 A

학생회는 총 16명으로 구성됩니다. 학생회라고 불리는 기구의 구성원으로서, 학생회 임원들끼리 회의하고, 어떤 행사를 '주최'하면 나머지 1,000명에 가까운 학생들이 '참여'하는 구조. 사실 학생회를 하면서 가장 고민이 많았던 게 이 지점이기도 했습니다. 최대한 모든 학생들의 참여율을 높이기 위해 기획의 과정부터 함께 이뤄 가는 사업을 진행하면 좋겠다고 생각하였습니다. 학생회 임원들 말고도 반짝이는 아이디어, 열정, 과감한 추진력을 갖춘 친구들이 너무나 많다는 걸 알기에, 앞으로의 학생회는 보다 많은 학생들과 함께할 수 있는 방법을 고민했으면 합니다. 부서별 부원들의 인원수를 늘리거나, 학교 축제를 준비할 때 준비위원회를 꾸려서 전교생 중 희망자를 모집하는 등의 방법을 이용하면 좋을 것 같다고 생각합니다. _학생 B

'관계'의 문제 속에서 학생자치회 구성원들 간의 문제는 내게 큰 고민이었다. 2학기에 들어서서 1학기 동안 쌓인 감정의 서운함이 폭발한 것이다. 무임승차의 문제가 불거지고 의견 대립이 심해져 비상대책회의라는 이름으로 학생자치회 스스로 조정 노력도 했으나 쉽게 해결되지 않았다. 교사로서 참 난감하였다. '꼰대'가 되어야 하나? 학기 초 '동행'하자 했는데 교사의 권위로 강제적인 물리력을 동원할까? 소통의 문제를 강제적인 물리력을 동원한다고 해결될까? 어디까지 개입해야 하지? 등 고민이 깊었다. 지금 생각해 보면 소통의 과정에서 오는 자연스러운 의견 대립과 갈등을 나 스스로 못 견뎌 했던 덜 자란 어른이었다.

장은주[2017]는 "우리 사회에서는 사회적이고 정치적인 갈등을 백 안시하면서 그와 같은 갈등 자체가 아예 존재하지 않는 어떤 '정적 주의적 사회 통합'의 상태를 이상화하는 정치 문화가 지배적이었 다. 아마도 '당쟁'을 조선의 미개성과 연결하며 식민 지배를 정당화 했던 일제의 영향과 오랜 전체주의적 통치의 유산 때문일 것이다" 라고 말한다. 또한 그는 다음과 같이 숙의적 민주주의를 말하고 있 다. "오늘날 전 세계적으로 민주주의를 이해하는 데서 사회적 갈등 자체를 단순히 소극적으로 용인하는 정도를 넘어 '토론'이나 '쟁론' 의 형식으로 이루어지는 사회 구성원들 사이의 차이의 표명과 의 견 대립을 민주주의적 과정의 핵심 요소로 인정하는 '숙의(심의)적 전환'이 일어나고 있다."

학생자치회는 여러 차례의 비상대책회의를 거치며 무임승차로 인한 감정의 서운함을 극복하고자 노력하였다. 사업 운영의 방식 을 구성원 전체가 협업하는 방식이 아닌 부서별 협업체제로 전환 해 가며 돌파하고자 하였다. '관계'에서 비롯된 소통의 문제를 시 스템으로 해결하고자 하였고, 문제점을 파악하고 대안을 제시하 였다.

구성원 간의 완벽한 협력이 이루어지지 않아 몇 명에게만 일이 몰렸을 때 힘들었습니다. 이건 사실 모든 조직의 문제 일 수 있겠으나, 우리 학생회는 인원이 적기 때문에 그로 인 한 피해가 더 컸던 것 같습니다. 참석해야 하는 자리에 아무 말도 없이 오지 않거나, 자기가 맡은 일을 기한 내에 하지 않거나, 회의에 적극적으로 참여하지 않는 경우가 있었습니다. 회의에 제대로 참여하지 않는 사람에게 처음부터 다시 설명해야 하는 상황이 생겨 회의가 지체되고, 몇몇은 계획을 충분히 숙지하고 있지 않아 행사 진행을 할 때 어려움이 있었습니다. 특히 교칙 캠페인과 대토론회의 준비 기간이 겹쳐서 여러 가지 일을 한꺼번에 했을 때는 더욱 힘들었습니다. 이 같은 무임승차에 대해 누구는 화내느라 바쁘고, 누구는 변명하느라, 누구는 말도 하지 않아 감정싸움이 심해졌습니다. 모두가 같은 곳을 바라보고 함께 나아가야 하는데, 몇 명이 나머지 사람들을 끌고 가는 상황이 될 때는 많이 버거웠습니다. _학생 A

무임승차, 학생회 임원끼리의 소통 부족 등은 올해뿐 아니라 작년부터 언급되었던 이야기들이기에 내년에는 변화하길 바랍니다. 그중 학생자치회의 가장 큰 걸림돌이 되었던 소통의 문제에 대해 강조하고 싶습니다. 세월호 콘서트를 하거나 일일매점을 진행하는 과정 속에서 변경된 사항이 모든 사람에게 전달되지 않아 계획에 차질이 생겼었습니다. 두 행사 모두 학생자치회에서 장기적으로 계획하고 준비했던 것이었지만, 준비 과정에서 학생자치회 임원들끼리 그리고 선생님과 학생의 소통이 부족하여 학생들의 의견을 모두 수렴하지 못해 완벽한 행사가 되지 못하였던 것 같습니다. 회의 때 결정된 사항이 바뀌었을 때는 최대한 빠른 시간 안에 모든 구성원이 알 수 있도록 해야 합니다. 서로에 대한 직접적인 의사소통을 통해 주기적으로 변경 사항에 관해 확인하기를 내년 학생자치회에게 꼭 전달하고 싶습니다. _학생 C

## 학생자치의 모태 학교문화

우리는 민주주의 하면 다수결이 먼저 떠오른다. 평소 민주주의에 대한 고민의 정도가 깊지 않기 때문이기도 하다. 민주주의는 무엇일까? 혹시 민주주의는 어렵게 공부해서 얻어지는 그 무엇이 아닌 우리의 일상의 언어와 생활이 아닐까? 들숨과 날숨으로 이루어진 것이 호흡이다. 우리는 숨 쉬는 법을 교육받았나? 자연스럽게 체화되어 본능적으로 익히지 않았나? 물속에 들어가면 숨을 잠시 멈춰야 하고 녹음이 우거진 숲속에선 크게 숨을 고르지 않았던가? 자연스러움! 마땅히 있어야 하고 존재해야 하는 것들. 그것이 민주주의 아닌가.

쥬리[2017]는 다음과 같이 말한다. "학교의 일상이 민주주의와 거리가 멀고 심지어 반민주적이라면 민주시민교육의 실현 역시 요원하다. 대부분의 문제가 그러하듯이, 민주주의는 익히고 체화할 문제이기 때문이다. 민주시민교육이란 특정한 수업이나 지식이 아닌, 삶의 일상적 과정 속에서 그리고 전인격적 수준에서 얻을 수 있는 평등한 시민적 존엄의 자각이어야 한다. 입으로 민주주의를 말하면서 권위주의를 내세우고 학생을 아랫사람 취급하고 차별과 폭력을 정당화하는 것이 지금 우리 사회의 한 단면이다. 이는 민주주의를 위선처럼 느끼게 만들고 냉소의 대상으로 추락시킨다."

나는 민주적인 교사인가? 학생자치회와 동행하며 새삼스럽게 다가온 화두는 '꼰대'였다. 내 안의 덜 자란 어른을 마주 대하는 것이 반복된 일상이었다. 순간의 실수인지 덜 자란 어른의 미성숙함인지 나의 말과 행동은 학생자치회에게 일관성 있게 다가가지 못했다. 학생자치의 모태는 학교문화이다. 학교문화의 건강함이 학생자치문화의 건강함을 충족시키며 배가시킬 수 있다. 문건으로만 존재하는 학교 민주주의와 경험되지 못하고 체화되지 못한 교사문화 속에서는 학생자치는 끊임없이 표류할 수밖에 없다.

비록 학생회가 자치적인 권한을 보장받고, 우리 스스로 기획한 행사 대부분을 학교의 지원 속에 이루어 내긴 했지만 완전히 독립된 기구라고 하기엔 부족한 면이 있었습니다. 체육대회 때 운영했던 일일매점은 이런 면에서 가장 아쉬운 행사였습니다. 처음에는 과자 등 다양한 품목을 판매하려고 계획을 세웠지만, 행사 며칠 전 갑작스럽게 학교 측의 제한으로 음료수와 젤리(하○○)밖에 팔 수 없었습니다. 이미 몇 달 전부터 선생님들께 계획을 말씀드리고 허락받은 상태에서 이런 상황이 되니 많이 당황스러웠습니다. 애초에 약속했던 품목을 팔지 못하게 하는 이유가 뭔지 충분한 설명을 듣지 못했고, 일방적으로 내려진 결정이라서 부당하다고 느꼈

습니다. 또 학생회 부서 중 예산을 관리하는 총무부가 있지
만, 학생자치회 예산에 대한 실질적인 관리 권한은 가지고
있지 않다는 점도 아쉽습니다. 학생자치회를 위해 공식적으
로 마련된 예산인데도 불구하고 학생자치회 임원들에게 구
체적인 액수나 사용 범위를 말해 주지 않는다는 점, 예산을
직접 사용하지 못하고 어떤 물품을 사려면 담당 선생님과
일일이 함께 사러 가야 하는 불편함도 있었습니다. 학생회
가 추진하는 사업들은 대부분 예산이 필요한데, 예산을 사
용할 때 복잡한 과정을 거쳐야 하기 때문에 중간에 계획이
틀어질 때가 많았습니다. _학생 B

계몽! 국어사전에 다음과 같이 정의되어 있다. '어린아이나 무
식한 사람을 깨우쳐 줌. 인습에 젖거나 바른 지식을 가지지 못한
사람을 일깨워, 새롭고 바른 지식을 가지도록 함.' 우리는 그동안
계몽의 관점으로 학생들을 대해 왔다. 학교 민주주의 역시 그 관
점 속에 머물러 있지 않은가? 미성숙한 아이들에게 고차원적인
민주주의를 가르쳐야 하고 그래야 바른 시민으로 성장할 거라는
매우 불손하고 거만한 생각으로 민주시민교육을 보고 있지 않나?
위에 언급한 『가장 민주적인, 가장 교육적인』에서는 다음과 같이
말한다.

　　민주시민교육은 어쩌면 '민주시민교육'이라는 이름을 붙
　이지 않을 때 비로소 가능할지도 모른다. 일상에서부터 학

생들이 문제의 원인이 아닌 문제를 정의하고 해결하는 주체로, 학교 문제/청소년 문제의 전문가의 위치에 서게 될 때 말이다. 이런 생각의 연장에서 보면 민주시민교육에는 근본적인 모순이 있다. 아직 민주 시민이 아닌 청소년이 있고, 그들을 교육해서 민주시민으로 육성한다는 것인데, 이는 청소년을 문제의 원인으로 지목하는 것이다. 그러나 청소년을 둘러싼 삶의 조건을 돌아보고, 좁게는 가정과 학습에서 넓게는 국가의 선거 제도에서 박탈된 권리를 되찾으려는 청소년의 노력에 귀를 기울일 때 비로소 청소년의 삶에 민주주의가 찾아오지 않을까.

듀이[2008]는 학교교육의 목적은 성장을 보장하는 여러 능력을 조직함으로써 교육의 연속을 보장한 데 있다고 보았다. 생활 그 자체로부터 배우려는 의욕, 그리고 모든 사람이 그 생활과정에서 배우도록 생활의 여러 조건을 정비하려는 의욕이야말로 학교교육의 가장 훌륭한 성과라고 말한다. 또한 학교교육의 가치를 판단하는 기준은 그것이 연속적 성장에의 욕망을 어느 정도 만들어 내는가, 그리고 그 욕구를 실전에 옮기는 수단을 어느 정도까지 제공하느냐에 있다고 보았다. 학교라는 공간 속에서 민주주의의 경험과 체화는 비단 학생만의 몫이 아니다. 연속적 성장이 학생만의 의무가 아니듯 교육공동체 구성원들이 참여하고 소통하며 갈등을 해결해 나가는 과정 속에서 학교 민주주의는 한 뼘 더 성장할 것이다.

우리 학교 선생님들 중 학생자치의 취지에 공감해 주시고, 응원해 주시는 분들도 많았지만 그렇지 않은 분들도 있었던 것 같습니다. 학생자치회가 다채로운 활동을 펼치기 위해서는 학교의 분위기와 선생님들의 지원이 정말 중요하다고 생각합니다. 학생자치회 임원들의 노력을 보며 학생자치에 대한 인식이 바뀌신 분들도 있으실 거라고 믿습니다. 내년에는 그리고 내후년에는 학생자치회에 대한 보다 튼튼한 공감대와 든든한 지지가 있었으면 좋겠습니다. _학생 C

서두에 밝힌 것처럼 혁신교육의 성과 덕분에 학생자치의 법적, 제도적 기반은 마련되었다. 예전의 선도부라는 명칭 속에 학교의 손발 노릇을 하던 학생자치회의 모습이 사라지고 학교가 마련해 준 축제, 체육대회에 일정 부분 목소리를 내고 있다. 그러나 대부분의 많은 학교는 딱 그만큼이다. 경기도의 경우 남한산초, 조현초 등 작은학교살리기운동부터 시작된 혁신교육이 2009년 김상곤 교육감 당선을 시작으로 10년이 흘렀지만, 변화는 무척이나 더디다.

나는 희망한다. 아직은 멈추어 숨 고를 때가 아니다. 이제 학교의 학급 수를 기반으로 한 학생자치회 운영비를 명확히 명문화하고, 학생자치활동 전담 부서를 신설할 필요가 있다. 더 나아가 학생자치회 담당 교사는 학교운영위원회 당연직 교원위원으로 참여하게 하여 학교 정책 결정 과정에 학생의 입장이 올곧게 반영될 수 있도록 하자. 또한 학생자치회 담당 교사의 역량을 증대시키기 위해 지역별, 학교급별로 네트워크를 구성하여 사례를 공유하고 나누도록 하자. 우리는 아직 한 걸음만 뗐을 뿐이다. 한 걸음의 성과에 만족하지 말고 좀 더 걷자.

# 3장
## 교육 주체로서 학부모자치회를 기대하며

노선용

### ● 교육 주체로서 학부모자치회의 과제는 무엇일까

최근 학교 민주주의, 학교자치, 교육자치는 교육계의 큰 화두이
자 관심의 대상이다. 지난해 학교자치조례가 통과되면서 학교 민
주주의는 더욱 힘을 받아 교육 주체의 의사결정에 대한 제도적 보
호를 받게 되었다. 학생, 교사, 학부모가 학교라는 공간에서 주체성
을 발휘하며 공동체를 만들어 갈 때, 교육의 질을 담보할 수 있을
것이다. 그러나 학생과 교사의 역할은 비교적 명확한 반면, 학교현
장에서 학부모의 역할은 다소 모호한 측면이 있다.

학부모 참여 양상의 변천 과정은 크게 세 단계로 나누어 살펴
볼 수 있다. 첫 번째 단계는 학교재정의 부족을 메꾸기 위해 학
부모가 반강제적으로 동원되었던 강압적 동원의 단계이다. 두 번
째 단계는 학부모가 자원봉사나 지역사회 활동을 통해 학교교육
을 자발적으로 지원하던 보조적 지원의 단계이다. 세 번째는 법률
적으로 학부모의 학교 참여의 기틀이 마련된 제도적 참여의 단계

이다. 최근에는 혁신교육의 발전 과정에서 학교자치의 핵심 중 하나로 학부모자치의 중요성이 강조되고 있다. 아직은 걸음마 상태이지만, 오늘날 학부모의 학교 참여는 제도적 참여 단계로 들어서고 있다. 그럼에도 불구하고 여전히 학부모는 '내 아이의 이익을 위한' 교육활동의 보조적 지원자로서의 역할, '내 아이에 대한 과한 관심과 집중으로' 때로는 교사에게 혼란을 주는 존재로 인식되는 경우도 있다.

최근 혁신교육의 확장으로 학부모자치에 대한 제도적 뒷받침이 강화되고 있다. 예를 들어 경기도교육청은 2013년부터 「경기도교육청 학교 학부모자치회 설치, 운영에 관한 조례」를 제정하여 학부모자치회에 대한 법적 지위를 부여하고자 노력하였다. 그 결과 각 학교마다 학부모가 교육 주체로서 활동할 수 있는 제도적 여건이 마련되었다. 그러나 이렇게 설립된 학부모자치회는 법적 성격상 임의단체로서 권리, 책임, 의무를 명확하게 부과할 수 없다는 한계도 있다. 학부모회가 학생회, 교직원회와 함께 교육 주체로서 학교 운영에 자율적으로 참여하고 책임을 지는 과정이 있어야만 학교에서 민주적 자치공동체가 형성될 수 있다. 하지만 여전히 학부모자치회의 활동 방식은 형식적인 참여에 그치고 있는 상황이다.

학부모자치회의 위상은 학교마다 다르고, 지역마다 다르지만 오늘날 분명한 것은 학부모의 역할이 확대되어 가고 있는 추세라는 점이다. 그럼에도 불구하고 학교에서 학부모는 여전히 교육의 수요자이며, 민원의 대상이지 교육적 파트너로 인식되지 못하고 있다. 학부모가 교육 주체로서 자리매김하지 못하는 원인으로는 첫째,

교육 주체로서 학부모의 위상에 대한 교육 주체 간 공감대 부족이다. 여전히 학부모는 교육 주체임에도 불구하고 교육과정 운영에 관여할 수 있는 주체라기보다는 봉사와 참여의 중간 지점에 있다.

둘째, 학부모에 대한 사회적 인식이다. 교육의 주체라기보다 자녀의 이해에 더 민감한 집단이라는 사회적 인식이 더 클 뿐만 아니라 학부모가 경쟁 교육과 사교육의 주체라는 인식, 학교에 이기적 민원 제기자로 인식되는 부분도 여전히 남아 있는 것이 사실이다.

셋째, 학부모자치회와 학교운영위원회 연계성이다. 학부모자치회와 학교운영위원회의 분리로 인해 학교운영위원회의 논의 과정에 학부모의 의견 수렴 과정이 부족할 뿐만 아니라, 교과과정, 학교 운영 등의 직접적인 참여 통로가 충분하지 않은 상태에 있다. 그 결과 학부모는 형식적 행사로 치러지는 이벤트에서 일방적인 전달 사항의 대상이자, 참여가 있다 해도 수동적으로 참여하는 것이 대부분이다.

학교자치 구현을 위해 교육 3주체 간의 권한 분산과 협력 체제가 더욱 중요시되고 있는 현시점에서 학부모자치회의 이름으로 단순 학교 행사 참여, 일회성 봉사활동 참여 등 보조적 역할은 민주적 학교 운영 체제 구축을 더디게 한다. 따라서 실질적인 학부모자치회 운영의 모습은 정책적 문서에만 존재하는 것이 아니라 학부모자치회가 학생회, 교직원회와 함께 주요 의사결정에 공공적으로 참여하고, 함께 책임을 지는 것이다. 이는 민주적 학교 운영의 이상적인 모습으로, 학부모 참여가 공공성을 기반으로 이루어질 때, 결국 모든 학생의 성장으로 이어질 수 있을 것이다.

학부모자치회 활동은 지역마다 학교급마다 활동의 범위와 방식이 다르다. 그런데 학교급이 올라갈수록 학부모의 역할과 활동은 제한적이며 범위 또한 대동소이하다.

한편 학부모회가 교육 주체로서 참여하는 학교 사례도 있다. 다음은 ○○고등학교의 학부모자치회 계획이다. 이를 통해 학부모회 운영의 시사점을 추출해 보기로 하자.

사례를 통해 본 학부모자치회의 특징은 지역과 연계하여 학교교육과정을 함께 운영하고 있다는 점이다. 학부모자치회가 정기적으로 지역과 연대하며 학교 대토론회에 참석하여 안건을 발의하고, 학교 현안에 대해 함께 논의한다는 것은 매우 유의미하다. 그러나

| 프로그램 | 운영 내용 | 추진 시기 | 참여 대상 | 소요 예산 | 담당 교사 |
|---|---|---|---|---|---|
| 학부모 아카데미 | 학부모 진로코칭 연수를 통한 자기주도 학습을 위한 부모의 역할, 자녀들의 심리 상담 및 진로·직업 가이드 | 5월 7월 | 희망 학부모 | 760 | ○○○ |
| 학부모 대토론회 | 성남형 교육 및 학교교육을 위한 학부모 대토론회 | 연중(7회: 5, 6, 7, 9, 10, 11, 12월) | 학부모회 | 300 | ○○○ |
| 학부모 동아리 | 공기 정화 다육식물 및 페브릭얀 제조 및 독서동아리 활동을 통한 학부모 및 학생 간 친목 도모 | 연중 (10회) | 임원 및 학부모와 학생 | 3,324 | ○○○ |
| 학부모 쿠키 만들기 | 쿠키를 만드는 과정에서 친목 도모 및 만든 쿠키를 고3 수험생에게 전달함으로써 수험생 격려 | 11월 | 학부모회 임원 및 1, 2학년 희망 학생 | 816 | ○○○ |
| 학부모 봉사단 | 학생·학부모·지역사회가 연계된 자원봉사활동 | 연중 | 희망 학부모 | 800 | ○○○ |

여전히 학부모회 활동이 교육과정 운영에 개입하여 참여하는 활동이라기보다 학부모만의 고유한 영역으로 제한되어 있고 일회성 행사에 머물러 있어 다소 아쉬움이 있다. 또한 위 사례의 학교는 혁신교육지구 연계 사업으로 학부모자치회를 운영하여 학부모자치회 예산(600만 원)을 편성하고 있는데, 예산 규모에 걸맞은 활동을 위해서 더 많은 학부모의 참여를 적극적으로 독려하고 있는지 성찰이 필요하다.

학부모가 주체적으로 활동하는 위원회로는 교육과정위원회, 학년 학부모위원회, 학년대표 학부모 위원회, 급식소위원회, 예결산편성위원회가 있다. 이러한 위원회 활동을 통해 학부모자치회 역할의 핵심은 학생을 중심에 두는 민주적인 학교 운영에 동참하는 것이다. 학부모가 주체가 되어 학교의 예산, 사업 및 교육활동 프로그램, 평가 등의 학교 운영에 적극 동참할 수 있는 기회가 지금보다 더 확장되고 학부모의 의견을 공감하고 수용하는 분위기가 필요하다. 학부모 또한 내 아이만을 위한 학교 참여에서, 이제는 모든 아이들의 부모라는 마음으로 참여해야 할 것이다.

## ● 학교 운영의 중요한 의사결정권자로서의 학부모회

교육 주체로서 학부모는 기존의 봉사자원, 지원자의 위치가 아닌 당당한 의사결정권자로서 학교 교육활동에 대한 심도 있는 논의 과정에 참석하여 차기년도 교육과정 운영 계획 전반에 대해 다

양한 의견을 개진할 수 있어야 한다. 다음은 ○○고등학교 학부모
회의 체계와 활동에 대한 학부모 인터뷰에서 나온 말이다.

> 학부모회에서는 학부모님의 의견을 대변하기도 하며 학교
> 현안에 대해 함께 고민하고 논의하는 역할을 합니다. 저희
> 학교에서 학부모회 회의체계는 대의원회, 임원회의, 학년별
> 반대표 모임이 있어요. 여기에서 수집되는 각종 학교 현안이
> 나 건의 사항 등은 학교에 전달됩니다. 그것들은 사안에 따
> 라 즉시 시행되기도 하고 장기적인 아이템으로 발굴된 것들
> 이기도 합니다. 이런 식으로 학부모회는 학교 운영에 주체로
> 서 동참하고 있습니다. 특히 학년 초 전 학년 학부모 대상으
> 로 건의 사항을 취합하여 학생이나 학부모들의 고충 해결에
> 도움이 되고 있습니다. _○○고 학부모

이를 위해서는 교사와 학부모 간의 상호 신뢰와 존중 문화가 필
요하며 학부모가 자유롭게 참여할 수 있는 시간과 기회가 충분하
게 보장되어야 한다.

> 학부모회 회의체계(대의원회, 임원회의), 학부모 연수, 학부
> 모 동아리 활동 시 학부모 의견을 반영하여 매년 발전하는
> 활동으로 거듭나고 있습니다. 강사 섭외, 강의 계획 사전 모
> 니터링(계획서 수정, 강의 청취) 후 주도적으로 결정 및 실행
> 하여 학부모 특강이나 활동 참여시 의미 있는 시간을 제공

하고자 노력하고 있습니다. _○○고 학부모 회장

○○고등학교의 경우 대부분의 학부모가 자녀 교육에 관심이 많아 학교에 적극적으로 참여하고자 한다. 학교자치의 핵심인 학교 교육과정 운영 평가뿐만 아니라 학부모회가 학교 예결산 심의에도 적극 참여하고 있다. 학부모회 예산 편성 시 학부모가 스스로 계획을 수립하며, 동시에 자체 감사도 이루어진다.

## ● 지역과 함께하는 교육 주체로서의 학부모자치회

○○고등학교는 2017년 학부모자치회의 제안으로 교육과정과 연계하여 배려와 나눔의 교육활동을 계획하고 실천하고 있다. 학부모가 일회성 사업이 아닌 지역의 인적, 물적 인프라를 활용하여 창의적 체험활동과 연계하여 주체적으로 교육활동을 계획하고 운영하였다는 것에 의의가 있다. 지역 주민이기도 한 학부모들이 학생들과 함께 적극적으로 참여하였고, 여러 기관에서 꾸준히 봉사활동을 전개하였으며, 이 과정에서 학생과 학부모, 지역과 교사의 성장을 확인할 수 있었다.

학부모가 먼저 학부모 지도 봉사단을 결성하여 활동하였어요. 기존 ○○고 샤프론봉사단, 프론티어봉사단이 '○○고 나눔 봉사단'으로 새롭게 변경, 조직되어, 해마다 실시해 온

봉사들을 2017년부터 더욱 알차게 재구성하여 활동하기 시작하였어요. 2018년에는 기존 2017년의 활동을 확대하여, 학생들이 부모와 함께 생활 속에서 실천하는 나눔과 봉사를 통해 바람직한 인성을 함양하고 성장하는 것 같아 뿌듯함을 느낄 수 있었답니다. 2019년에는 작년보다 더 많은 부모님과 학생들이 봉사활동에 참여해서 참다운 봉사의 기쁨을 함께 나누고 싶어요. _○○**봉사 참여 학부모**

○○고 봉사단의 운영은 학교 봉사자원으로서의 학부모가 교육과정의 주체로서 활동할 수 있다는 증거이다. 학부모는 학교교육의 주체이면서 동시에 지역의 교육자원이다. 학생들은 학부모의 적극적인 참여를 보고, 느끼고, 함께하면서 참여의 중요성을 깨닫고, 민주주의를 경험하게 되면서 책임감 있는 민주시민으로 성장할 수 있을 것이다.

## ● 학부모자치회와 학교운영위원회의 연계 운영

일반적으로 학교운영위원회와 학부모자치회는 별개로 운영되어 학교 운영에 일관성이 부족한 편이다. 학교운영위원회는 학교 운영의 대표성을 갖고 있으며 학교 운영의 민주성 등을 실현하기 위한 법적 기구이다. ○○고등학교는 일부 학부모만 제한적으로 참여하는 학교운영위원회의 한계를 극복하기 위해 다수의 학부모가 학교

교육활동에 참여할 수 있도록 학부모자치회와 학교운영위원회를
연계하여 운영하고 있다.

○○고 운영위원회와 학부모자치회는 매우 밀접하게 연계
되어 있어요. 학부모의 다양한 의견을 수렴한 학년대표 학
부모가 대표성을 갖고 학교운영위원회에 참여하여, 모든 학
생들을 위한 의사결정과 민주적이고 공정한 학교 운영을 위
해 노력하고 있어요. 학교운영위원회가 학교와 학부모들의
소통의 통로가 되다 보니 학부모들의 참여가 활발해지고,
학교에 대한 신뢰도 높아지고, 학생들이 인격체로 존중받으
며 성장할 수 있는 것 같아요. _○○고 학교운영위원회위원장

○○고등학교에서는 학부모를 교육 주체로 인정하고 있으며, 학
부모는 학교의 민주적 의사결정에 적극적으로 참여하고 있다. 일회
성 교육활동에 보조적인 지원 활동, 소수의 학부모나 학생들을 위
한 결정을 지양하고 모든 학생을 위한 공공의 가치에 부합하는 의
사결정을 함으로써 교육의 참다운 가치를 구현하는 학교를 만들
어 나가기 위해 노력하고 있다.

● 내 아이에서 모든 아이를 위해서로

교육자치 시대를 맞이하여 학교는 소수 몇 사람에 의해 운영되

었던 기존의 학교 시스템에서 벗어나 학생, 학부모, 교사의 3주체와, 지역사회가 함께해야 한다. 학부모가 주도하는 다양한 학부모 활동, 교육 3주체가 함께하는 학교 안팎의 학습모임, 지역사회와 주민들의 교육적 활동들은 학생들이 건전한 민주시민으로서 성장하는 데 중요한 자양분이 된다. 학부모가 교육의 당당한 주체로 확고하게 자리매김해야 학교 운영의 민주화, 학교자치가 뿌리내릴 수 있다. 이에 내 아이에서 모든 아이를 위한 학부모자치회가 교육의 주체로 바로 서고, 나가야 할 방향을 제시하면 다음과 같다.

첫째, 학부모는 학교에서 이루어지는 학부모회의, 학교설명회, 대토론회, 각종 위원회, 행사 등에 일회성으로 참석하는 교육의 타자가 아니라 교육 주체로서 교직원과 함께, 때로는 독립적으로 활동해야 한다. 교사가 행사 준비를 하고, 학부모들이 당일 참석만 한다면, 더 이상 교육 주체로서 의미가 없다. 또한, 교사도 학부모가 교육의 봉사자나 교육활동을 보조하는 역할이 아니라 대등한 교육 주체라는 것을 인식해야 할 것이다.

둘째, 학부모가 더 이상 학교의 타자가 아닌 교육 주체로서 자리 잡기 위해서는 교육공동체 간 인식의 변화가 무엇보다 필요하다. 학부모와 교사 간의 관계가 대립관계 또는 종속관계에서 벗어나야 하고, 학부모가 민원의 대상이 아닌 모든 학생의 성장을 함께 돕는 협력 관계로 변화해야 한다. 이를 위해서는 학교교육의 목표와 비전을 함께 만들고 공유할 수 있는 소모임, 전문적학습공동체, 동아리, 학부모도 함께 참여하는 토론대회 등의 활동이 필요하다.

셋째, 학부모자치회 활동의 핵심은 소수에 의한 학부모자치회가 아닌 다수의 학부모가 교육 주체로서 참여해야 한다. 현재 교육정책이나 학교 활동은 주체로서의 참여라기보다 교육활동의 보조자로서의 의미가 더 크다. 대부분이 지원자로서, 봉사자로서의 활동이 대부분이다. 이를 극복하려면 일회성 학부모회 활동보다 다수의 학부모가 교육 주체로서 참여할 수 있는 소통 공간, 다양한 시간 확보, 맞춤형 역량 강화 프로그램 등을 촘촘하게 계획하여 운영할 필요가 있다.

우리 모두가 바라는 민주주의의 정원의 상은 무엇일까? 미래 사회를 살아가는 우리 아이들에게 학부모 자치활동은 민주주의의 정원을 가꾸는 데 필요한 자양분처럼 자생력을 키워 주는 데 큰 역할을 할 것이다. 학부모자치회의 활약은 모든 아이들의 행복한 배움과 성장으로 이어질 것이며 나아가 우리 지역에 있는 아이들이, 태어난 곳은 달라도 배움 앞에서는 평등할 것이라 확신한다. 또한 학부모자치회, 학생자치회, 교직원자치회의 활동은 학교자치, 교육자치로 발전되어 지역 교육력으로 구현될 것이다. 존엄과 존중의 교육자치는 다양한 꽃들이 개성을 드러내어 아름다운 정원을 만들듯이 학교를 민주주의의 정원으로 가꾸어 나갈 것이다.

# 4장
## 학교 민주주의의 정원을 가꾸기 위한 교육정책

황수현

　교육혁신의 바람이 분 지 10여 년의 세월이 흘렀다. 지금도 경기도뿐 아니라 전국의 교육현장 곳곳에서 혁신의 바람은 계속 이어지고 있다. 그동안 교육혁신을 이끌어 왔던 혁신학교에서는 무엇보다 민주적 학교문화의 정착을 위해 노력하였다. 교육 주체의 대토론회를 거쳐 학교 운영의 방침을 세우고 교육과정과 평가의 변화를 통해 학교 민주주의가 실현되고 학생들이 민주시민으로서의 역량을 기를 수 있도록 하였다. 그러나 교육 구성원들의 학교 민주주의 정착과 실현을 위한 노력에도 불구하고 지금의 교육현장은 우리가 생각하는 책무성을 가지고 자치와 자율에 기반을 둔 이상적 학교 민주주의 모습이라고 볼 수는 없다. 여기에는 학교 민주주의의 실현에 장애가 되는 몇몇 요인이 있기 때문이다.

　지나친 경쟁을 유도하는 입시제도와 승진제도, 교사 교육과정 자율권을 제한하는 교육 지침, 교사를 교육 전문가가 아니라 행정 전담가로 만드는 교육 사업, 관용과 배려의 경계를 무너뜨린 지나친 규정과 교과 분리 등 학교 안의 크고 작은 제도와 관행들이 학교 민주주의가 튼실하게 자라나는 것을 방해하고 있다. 학교 민주주의라는 나무가 튼튼하게 자라고 탐스러운 열매를 맺기 위해서는 교육정책의 변화라는 거름 주기 작업이 선행되어야 한다. 여기에서는 거름이 될 수 있는 몇 가지 교육정책에 대해 이야기해 보고자 한다.

## ● 봄에 싹을 틔우기 위해 겨울에 밭을 일구다

정원을 가꾸기 위해서는 순서가 있다. 꼭 정해진 순서를 따라야 하는 것은 아니지만 오랜 시간 자연의 환경과 섭리에 비추어 식물이 자라기에 가장 효과적인 방법을 찾아낸 것이다. 농부는 봄에 씨를 뿌리기 위해 늦겨울 또는 이른 봄에 땅을 일군다. 이러한 작업은 식물의 씨앗이나 뿌리가 땅에 잘 정착하기 위한 정원 가꾸기의 준비 단계이다. 상황에 따라서는 적절히 약도 주고 퇴비도 주어 그 땅에 영양분을 축적시켜 생명이 잘 자랄 수 있도록 조건을 형성해준다. 이러한 섭리는 학교 민주주의의 정원을 가꾸는 것에도 꼭 필요한 단계이다.

매년 3월 1일이면 새 학기가 시작된다. 학생들의 마음에는 새 학년, 새 담임, 새 친구에 대한 설렘과 조금은 더 어려워질 공부에 대한 약간의 두려움이 교차한다. 교사도 별반 다르지 않다. 새 학교, 새 학급, 새 동료에 대한 설렘과 전 학년도와는 달라질 새 업무에 대한 조금은 강한 두려움이 교차한다. 그나마 경력이 있는 교사는 경험이라는 갈고닦은 무기로 교차하는 설렘과 두려움을 두루 다스릴 수 있다. 그러나 신규 교사는 어떨까? 모든 것이 낯선데 3월 1일 첫 출근과 함께 시작되는 업무는 소설이 아닌 현실이다. 학교 민주주의를 가장 최선에서 실현해 나가는 교사로서 신규 교사의 3월은 씨를 뿌려야 할 시기에 땅을 일구어 놓기는커녕 무엇을 해야 할지 몰라 우왕좌왕, 좌충우돌하는 혼돈의 시간이다.

이때 일반적으로 신규 교사들이 취하는 교육적 행동 지침은 두 가지 정도로 대표될 수 있다. 선배 교사들이 오다가다 귀띔해 주는 '학생들에게 약하게 보이거나 어리숙해 보이면 안 된다. 쉽게 허락을 해서도 안 된다'는 엄격한 유형이 한 가지이고, '학생들은 스스로 선택과 책임을 배워 나가야 한다'는 스스로 민주적인 교사라 생각하는, 그러나 지나치게 학생에게 자율권을 주어 학생들의 일탈과 자율을 구분하지 못하고 방종하는 유형이 한 가지이다. 결과적으로 전자는 지나친 규제와 억압이 계속됨으로써 학생들과 매번 부딪히게 되고, 후자는 학생들에게 형, 언니, 오빠, 누나 정도의 애매한 관계의 경계선에서 학생들의 지도와 통솔에 어려움을 겪게 된다.

그러다 보면 학교 내에서 학생들과 가장 잘 소통할 수 있는 세대임에도 불구하고 많은 신규 교사가 학교 내에서 학생과 가장 말이 통하지 않는 교사가 되어 버린다. 학교 민주주의, 교실 민주주의는 대립과 방종, 불신과 무책임의 상황에서 만들어지는 것이 아니다. 학생과 교사 그리고 학교와 학부모로 구성된 학교 공동체가 서로 잘 어우러지고 저마다 각자의 소리와 색깔을 낼 때 만들어지는 것이다. 그래서 우리는 학교 민주주의를 공동체라고 쓰고 어울림이라고 해석하는지도 모르겠다. 여러 구성원들이 한 공간에서 어울린다는 것은 그 공간에 적절한 질서와 살핌이 필요하다는 이야기다. 그러기 위해서 학교에는 철저한 계획과 준비가 필요한 법이다.

3월 1일에 신규 교사뿐 아니라 전입을 온 교사가 학교에 잘 적응하고, 교실과 수업이라는 시공간을 학생들과 어울림의 공간으로 채워 가기 위해서는 계획과 준비의 시간이 있어야 한다. 계획과 준비는 학기가 시작되기 전에 이루어져야 할 것이다. 봄에 싹을 틔우기 위해 겨울에 땅을 일구듯 생명력 있는 학기를 위해서는 학교의 제도적 변화가 요구된다. 현재 3월 1일 자 발령과 임용이라는 제도를 2월 1일 자로 변경할 필요가 여기에 있다. 기존보다 한 달 빠르게 2월 발령과 임용이 이루어진다면 학기 시작 전 1개월이라는 시간을 확보할 수 있다. 그렇게 확보된 시간 동안 교사들은 함께할 동료들과 전문적학습공동체를 조직하여 새 학기에 필요한 각종 계획과 연수 등의 시간을 확보할 수 있다. 또한 학교는 새로 시작할 교육 사업 등에 필요한 자원과 환경을 사전에 준비할 수 있다. 결과적으로 3월 1일 잘 정돈된 분위기 속에서 담임은 민주적인 학급 운영과 생명력이 넘치는 수업, 어울림과 보살핌이 조화로운 학급 활동, 수업 활동을 이루어 갈 수 있을 것이다.

## ● 여름 장마가 길어지면 강둑은 무너진다

찌는 듯한 여름에 시원하게 내리는 소나기는 간간이 더위를 식혀 주고 메마른 정원에 생명을 불어넣는다. 이럴 때면 비를 맞으며 일을 해도 신이 난다. 생명을 가진 존재들에게 여름철 소나기는 단비라고 할 수 있다. 그러나 장마가 시작되면 얘기는 달라진다. 장마가 길어지기라도 하면 방비가 되지 않았거나 취약한 곳의 강둑은 무너지고 강물은 범람한다. 우리의 학교도 자연의 섭리와 크게 다르지 않다. 그렇다면 학교의 장마는 언제일까?

교육청은 3월 교육과정 정상화를 위해 학교 일선에 공문 시행을 최소화하며 각종 연수 및 협의를 제한하는 정책을 펴고 있다. 3월은 교육과정 정상의 달이다. 그럼 4월부터는 어떨까? 3월에 묵혀 두었던 많은 연수와 협의, 사업 공문이 홍수를 이룬다. 학교의 4월은 사업과 정책 공문이 쏟아져 내리는 장마가 시작되는 계절이다. 그러다 보면 방비가 되지 않은 곳, 관리가 취약한 곳에서 문제가 발생한다. 그곳이 수업 활동 시간이다.

학교의 다양한 교육활동 중 가장 기본이 되고 중요한 활동이 수업 활동이다. 수업 활동은 교사와 학생, 학생과 학생이 만나 자유롭고 평등하게 지식을 나누고 의견을 주고받는 학교 민주주의의 싹이 움트는 장소이며 시간이다. 그러나 쏟아지는 사업과 공문의 홍수는 수업 시간을 침범하게 된다. 교사는 주어진 시간에 질 높은 수업을 위한 연구보다는 각종 사업 및 협의 등의 업무를 처리하는 데 할애할 수밖에 없다. 일부 교사에게는 각종 연수 및 상급

기관 회의를 위한 출장 등으로 원치 않는 수업 시간의 변경도 빈번히 일어난다. 어떤 경우에는 상담과 진로 지도 등의 학생들과 가장 기본적인 소통은 고사하고 쏟아지는 사업의 홍수가 수업 시간을 매몰시켜 수업 이재민이 발생한다.

조금이라도 경력이 있는 교사들은 경험적으로 매년 반복되는 재난을 알기에 학기 시작 전부터 공문이 많거나 힘든 사업이 예상되는 업무 배정에 난색을 표한다. 학교 민주주의를 잘 만들고 학생 교육에 적합한 조직 구성을 위한 업무 배정이 협력과 배려를 통한 민주적 타협보다는 무조건 나만 아니면 된다는 이기적 버티기로 변질된다. 업무 배정이 끝나면 서로가 서로에 대한 고마움과 감사가 아닌 억울함과 적대감이 더 크게 남는 것이다.

교육(지원)청은 여름에 내리는 장마에 대비하기 위해 사전 방비에 최선을 다하겠지만 학교에 내리는 사업의 장마는 방비보다 사전 조율을 통해 적절한 조절이 가능하다. 교육부와 교육청은 일방적 사업 하달식의 구조를 벗어나야 한다. 현장과 소통하지 못하는 구조의 사업 시행은 식물의 특징을 모르고 물을 주는 어리석은 행동일 수 있다. 매일매일 선인장에게 물을 준다거나 한 달에 한 번씩 벼에 물을 주는 농부는 없을 것이다.

사업을 계획하고 시행하는 주체들은 사업 시행 전에 꼼꼼히 학교를 살피고 진단하여야 한다. 물론 학교는 많고 교육부나 교육(지원)청은 적다. 애초에 일일이 교육(지원)청이 학교를 살피고 컨설팅할 수 없는 구조이다. 자기 몸의 아픔을 자기가 잘 알듯, 학교의 어려움과 문제는 학교가 가장 잘 알고 있다. 그러므로 교육 사업은 진단과 처방을 학교 스스로가 할 수 있도록 시행 구조를 적극적으로 전환해야 한다. 교육부와 교육청은 학교가 적절한 진단과 처방에 필요한 각종 환경 개선과 전문성 향상 등의 지원에 최선을 다하면 된다. 학교가 스스로 계획하고 처방한 각종 사업이 잘 이루어질 수 있도록 예산과 적절한 컨설팅을 지원해 주면 되는 것이다.

학교 민주주의는 교육공동체의 소통과 관계를 통해 만들어진다. 정책을 시행할 때 적극적인 소통과 관계 형성을 통해 학교는 자율과 책무성이 교육청은 지원과 안내가 적절히 조화로울 때 학교 사업이 장마가 아닌 소나기가 될 수 있다.

## ● 토양과 기후에 따라 정원에 자라는 식물은 달라진다

우리나라 제주도에서 나는 감귤은 참 달고 맛있다. 경북 청송에서 생산되는 사과도 참 달고 맛있다. 그런데 제주도에서 사과를 재배하고, 경북 청송에서 감귤을 재배한다면 어떻게 될까? 비닐하우스, 저온 시설 장치 등에서 키울 수 있다손 치더라도 산지에서 키우는 것보다 상당한 자본과 노동력이 투입됨에도 품질은 떨어진다. 풍성한 꽃을 피우고 좋은 열매를 맺기 위해서는 토양과 기후에 따라 키우는 식물이 달라야 한다.

'한 아이를 키우는 데 온 마을이 필요하다.' 경기도교육청에서 학교 민주주의, 마을(지역)교육과정 등의 정책을 시행할 때 많이 등장한 문구이다. 여기에서 말하는 키운다는 의미는 단순히 키와 몸무게 등 신체를 성장시키는 키움의 의미는 아닐 것이다. 미래를 살아가는 데 필요한 지식을 얻고 타인과 소통하고 함께 살아가는 데 필요한 태도를 익히며, 상황에 따라 지식과 행동을 적절히 적용하며 새로움을 창조하는 능력을 배양하는 것을 의미할 것이다.

우리나라는 국가교육과정의 기틀 아래에 모든 교육이 이루어진다. 국가가 교육의 방향을 제시하고 방법을 제안하며 교육의 내용을 결정한다. 즉, 학생들에게 미래에 살아가는 데 필요한 지식과 태도는 국가의 존속과 발전을 위한 지식과 태도로 길러지는 것이다.

국가교육과정은 거시적 차원의 교육과정이다. 지역별, 학교별 상황과 개별적 학생의 특성까지 살펴 가며 세밀하게 교육과정을 제시하는 데는 한계가 있다. 국가교육과정은 국가의 존속과 발전을 위해 필요한 지식과 태도의 함양을 목적으로 만들어지는 교육과정이다. 결과적으로 국가교육과정을 만드는 집단이 어떤 관점을 가지고 미래 사회를 바라보느냐, 누구의 관점을 대변하느냐에 따라 교육의 방향과 내용은 완전히 달라질 수 있다는 말이다.

앞에서도 언급했지만, 민주주의는 다양성이 담보되어야 한다. 우리가 가르치는 아이들은 개개인의 특성과 기호, 자질이 다르다. 그렇다면 우리 아이들을 기르고 키우는 교육의 토양인 교육과정은 그 다양성을 담아낼 수 있어야 한다. 국가교육과정의 느슨함을 제안하며 교육의 자치화를 요구하는 것, 그것이 교육자치의 새로운 한걸음이 될 것이다.

정치가 그 시대 사람들의 요구를 반영한다는 점에서 교육이 정치를 떠나 완전한 이데올로기의 무결로 형성되는 일은 일어나지 않겠지만, 그나마 다양성의 확대를 위해서는 무엇보다 교사 교육과정, 또는 학습공동체의 교육과정의 확대를 통해 교육 자치를 만들어 갈 필요가 있다. 교사 교육과정이란 학생 개개인의 삶을 중심으로 국가, 지역, 학교 수준 교육과정을 공동체성에 기반하여 교사가 적극적으로 해석하고 학생의 성장 발달을 촉진하도록 편성·운영하는 교육과정이다.경기도교육청, 2019 물론 교사 교육과정이라고 해도 온전히 교사 개인의 독단적 형식으로 교육과정을 구성한다면 일부분에서 교육 폐단이 올 가능성도 배제할 수 없다. 그러므로 교사 교육과정의 핵심은 교사의 전문성과 책무성이 바탕이 되어야 하며 공동체의 민주적 협력 시스템이 작동되어야 한다. 즉, 교사 교육과정이 교사 집단 지성에 기초한 교육과정을 의미하는 것이며, 개인의 교사가 마음대로 교육을 할 수 있다는 의미는 아니다.

따라서 교육적 폐단을 막고 최대한의 교사 교육과정을 실현하려면 지금 교사들의 역할이 일부 변화되어야 한다. 교사는 가르치는 교수자로서의 역할뿐 아니라 교육과정의 개발자로서 전문성 향상과 지위 확보가 필요하다. 또한 교사 교육과정은 1차적으로 학교 구성원들과 공유하며 공동체성과 민주적 합의를 통해 함께 만들어 가야 한다. 2차적으로 교육(지원)청은 학교가 교육과정 중심으로 운영될 수 있도록 교육과정 지원센터로 작동해야 한다. 이러한 제도와 장치가 마련될 때 우리 교육의 내용은 다양화되고 질은 높아질 수 있을 것이다. '교사 교육과정'의 실현은 학교자치, 교육자치, 학교 민주주의 정착의 또 다른 한 축이 될 수 있을 것이다.

## 좋은 열매 좋은 꽃을 얻기 위해서는 가지치기를 한다

식물은 다음 세대에 좋은 유전자를 남기기 위해 꽃을 피우고 열매를 맺는다. 농부는 그중에서도 가장 좋은 꽃과 열매를 얻기 위해 때때로 가지치기를 한다. 과한 가지치기는 식물과 나무를 죽일 수 있지만 적절한 가지치기는 영양분의 집중 지원으로 튼튼한 가지가 되고 좋은 꽃과 열매를 맺게 해 준다.

학교에서는 학기 시작 전 교육공동체가 함께 토론하고 합의하여 학교의 비전과 목표를 설정한다. 스스로 세운 비전은 공동체에게 주어지는 책무성뿐 아니라 함께 나가야 할 방향을 제시한다. 이는 목표를 달성하고자 행동을 이끌고 협력을 유도한다. 구성원들의 노력과 관리자의 지지가 조화를 이루어 학교의 교육 경쟁력을 담보한다. 이상적인 공동체에서는 서로 협력하고 지원함으로써 한 사람의 희생도 낙오도 없이 함께 성장해 가는 것이다. 그러나 때때로 몇몇 정책이 교육공동체의 성장과 협력을 방해하는 경우가 있다. 교원평가제도가 그러한 정책일 수 있다.

교원업적평가는 근무성적평정과 다면평가로 이루어진다. 이는 교원의 승진과 개인성과급에 활용이 된다. 지금의 교육공무원승진규정은 2018년 9월 18일 제정되었다. 1964년 7월 8일에 제정된 교육공무원승진제도가 여러 차례 수정과 보완을 반복해 왔다. 승진제도는 조직 구성원으로서의 교사와 조직 간의 관계의 문제이다. 한 교사가 교직에 대한 전문성을 바탕으로 조직의 발전에 기여한 공로로 보상받게 되는 대표적인 것이 바로 승진이다. 즉, 한 교사가 교직에 입문한 이후에 자신의 전문성이 축적됨에 따라 보다 많은 책임과 역할을 담당하고자 하는 개인적인 욕구를 충족하기 위해서 도입한 정책이다. 또 한편으로는 조직의 목표를 효율적으로 달성하기 위한 충원의 수단으로 도입한 정책이기도 하다. 물론 이러한 승진 정책은 이를 바라보는 관점이 어디에 위치하느냐에 따라 달라지게 된다. 우리의 경우, 교원 승진이라 함은 교사에서 교감, 교감에서 교장으로 직위가 상승하는 것으로 의미한다. 즉, 교사직에서 관리직으로 진출하는 것을 의미한다.전제상, 2004

교원평가제도는 한마디로 잘 가르치는 교사를 확인하는 작업이다. 보다 잘 가르치고, 학생들의 교육에 열의와 성의를 다하는 교사들에게 더 나은 대우를 해 주는 것이며 그렇지 못한 교사들은 더욱 잘하도록 고무시키기 위한 것이다. 또한 도움이 필요한 교사들에게는 필요한 지원을 제공하기 위한 것이다. 교사평가는 학교교육의 질적 수준을 높이고, 모든 학생들에게 질 높은 교육을 제공하기 위한 방법의 하나로서 반드시 필요한 과정이다.박상완, 2007 하지만 교원평가제도가 교사들에게 과연 얼마만큼의 피드백을 제공하는지에 대해 생각해 볼 필요가 있다.

또한 이러한 평가가 승진에 영향을 주는 만큼 학교의 리더가 갖추어야 할 역량과 교원평가제도의 관계를 면밀히 분석할 필요가 있다. 리더에게 봉사와 희생정신은 필수적으로 갖추어야 할 능력이다. 그러나 교사일 때 학교에서 어려운 업무를 맡거나 기피 지역에 근무하였다고 봉사와 희생의 역량을 갖추었다고 할 수 있는지, 공동체의 합의를 실천하기 위해 솔선수범한 훌륭한 교사인지에 대해 생각해 보아야 한다. 어쩌면 징계에 의해 기피 지역으로 전출되었을 수도 있고, 학교에서 어려운 업무를 맡아서 수업 시간을 적게 배정받는 등, 주변 동료들의 배려 또는 희생으로 이미 업무 곤란도에 대한 보상을 받았을 수도 있다. 또한 공동체의 한 사람으로서 리더의 역할을 잘하기보다는 관리자의 눈에만 잘 보인 교사였는지도 모른다.

근무성적평정과 다면 평가는 교원의 자율적 참여와 책무성이 작동할 수 있도록 시행되어야 한다. 평가 지표들이 교육현장의 발전과 학교 민주주의 형성에 어떠한 도움을 주는지 충분히 검토를 해야 한다. 좋은 열매와 꽃을 얻기 위해서는 체계적이고 계획된 적절한 가지치기가 필요하다. 학교 민주주의를 꽃피우고 결실을 맺기 위해 필요한 요소와 역량은 키우고, 경쟁과 불신이 싹트는 가지에 대해서는 과감하게 가지치기를 해야 할 것이다.


## ● 생명력이 넘치는 정원 가꾸기

정원은 저 홀로 만들어지는 것이 아니다. 세심한 관찰과 계획된 손길을 거쳐 만들어진다. 그럼에도 지나치지 않고 자연의 섭리를 거스르지 않는 조화로운 생태계이다. 다양한 꽃과 식물, 나무와 곤충이 어우러져 살아가는 공간이자 하나의 순환적 공동체이다. 학교도 같은 맥락에서 학생자치회, 학부모자치회, 교직원회가 서로 어울리고 협력하며, 사회의 이데올로기로서 옳다고 생각하는 내용을 학생들이 체득할 수 있도록 계획하여 가르치고 배우는 삶의 생태계이다. 이는 다양한 생각과 의견, 역할과 행동, 제도와 규칙이 얽히고설켜 어우러져 살아가는 공간이다. 그 과정에서 나와 다름을 존중하고 살피며 하나의 합의된 질서를 만들어 간다. 그러므로 학교 민주주의는 서로 배려하며 어우러져 살아가는 방법을 체득하는 것이다.

정원은 영원히 정원으로 끝나는 것이 아니다. 울창한 숲을 꿈꾼다. 타인의 손길이 없이도 스스로 자생을 할 수 있는 숲. 인위적으로 유혹하지 않아도 나비와 곤충이 찾아오고 새가 노래 부르는 어울림의 공간. 우리가 꿈꾸는 학교 민주주의의 정원도 그럴 것이다. 학생들에게 민주주의의 씨를 뿌리고 정성을 다해 키워 나간다면 멀지 않은 미래에는 학생들 스스로 민주주의의 구성원으로서 자생할 수 있는 능력과 기회를 가질 것이다. 학교 민주주의의 정원을 가꿈으로써 우리 사회가 민주적 공동체를 이루어 서로 조화롭게 생동해 나갈 것이다.

# 4부

# 공간의 민주성

# 1장
## 학교 공간의 민주성을 고민하다

송재영

● 학생들이 없는 학생들의 학교

최근 들어 4차 산업혁명 시대를 살아갈 학생들에게 필요한 새로운 교육을 고민하며 '미래교육'에 대한 무수히 많은 의견이 쏟아져 나오고 있다. 이들은 구체적인 방법론에서 약간의 견해차를 보일 뿐 개인별 맞춤형 융합 교육의 중요성과 토의·토론 및 프로젝트 학습을 강조하며, 이들 학습은 더 이상 지금의 전통적인 학교 공간에서 이루어지기 힘들다는 공통적인 결론을 가지고 있다. 그동안 학교는 수업 방식의 변화, 교육과정의 재구성, 교사의 역량 강화에서 미래교육의 답을 찾으려고 부단히 몸부림쳐 왔고 나름의 성과도 얻었지만, 이것만으로는 미래교육을 꿈꾸기엔 한계가 있음을 깨닫게 되었다. 그 한계의 문을 열 수 있는 열쇠는 바로 학교 공간에 있었다. 결국, 미래교육의 해답은 공간의 혁신에서 찾아야 한다.

지금까지 너무나 익숙했고 그래서 너무나 당연했던 학교 공간에 어떤 문제점이 있는 것일까? 왜 그동안 우리는 이 문제점들을 외면해 왔을까?

공간 속에 숨겨진 교육과정은 시간표에 드러나 있는 교과목들보다 학생들에게 더 큰 영향을 미친다. 프랑스의 철학자 미셸 푸코Michel Foucault, 2016가 저서 『감시와 처벌』에서 학교와 군대, 감옥의 구조는 닮은꼴이며 '일괄감시체계'라 칭한 이유는 어디에 있을까? 그가 말한 학교 건물은 건물의 구조 자체가 순응하며 복종하는 인간을 길러 내는 훈련관 역할을 충실히 수행해 왔다. 한쪽에 복도를 끼고 줄줄이 늘어선 교실들, 교단을 향해 빼곡히 들어찬 책걸상, 복도를 거치지 않으면 바깥으로 나갈 수 없는 구조, 중앙현관 좌우에 자리 잡은 교무실과 교장실, 교실에 붙어 있는 시간표처럼 똑같은 크기로 칸칸이 나뉜 네모난 교실들, 휑한 운동장 등을 떠올리면, 우리 사회의 미래를 책임질 학생들을 길러 내는 학교가 왜 군대나 교도소와 닮았다고 말하는지 쉽게 이해하게 된다.

그동안의 학교는 학생들을 위한 공간이 아니었다. 국가권력은 학생들을 정해진 교육을 주입받을 대상, 국가가 원하는 인간상에 맞추어 교정되어야 할 대상으로 간주했다. 이는 학교의 기원을 살펴봐도 알 수 있다. 학생들을 감시와 통제의 대상으로 보는 시선은 국가와 사회가 거의 같았다. 그 당시 대부분의 국민에게 교육은 거의 유일한 신분 상승의 수단이었으므로 자신들의 자녀가 어떠한 희생을 치르더라도 출세할 수 있기를 소망했다. 그 결과 학생들은 자유의지를 박탈당한 채 틀에 박힌 일과와 학사일정에 따라 감시받고 통제당해 왔다. 너무나 당연한 희생에 대해 문제를 제기하는 이는 아무도 없었다. 더 철저한 감시와 통제 속에 학생을 오랜 시간 잡아 두는 학교가 이른바 '명문 학교'의 영광을 누리게 되었다.

학교는 학생들의 꿈과 상상력을 키워 주고, 창의성을 계발하는 쾌적한 환경을 조성하는 대신 소수의 교사가 짧은 시간 안에서 보다 더 많은 학생을 통제하고 관리하는 데 최적화된 공간이었다. 학교라는 공간 안에는 학생들이 없었다.

## ● 너무나 비민주적인 공간에서 민주주의를 가르치는 학교

너무나 형식적으로 흘러가는 학급자치회의 시간이 안타까워 학생들에게 '학급자치'에 대한 각자의 생각을 발표하게 했었다. "학급자치가 무엇일까?"라는 질문에 한 아이가 1초의 망설임도 없이 "다수결이요!"라고 외쳤다. "아, 그래? 그렇구나. 그럼 다른 친구들은 어떻게 생각하니?"라며 되물었더니, "맞아요. 다수결로 결정하는 거요"라는 대답이 돌아왔다. 뜻밖의 대답에 당황했지만 내색하지 않고 아이들이 다른 답을 해 주길 바라며 "그럼 '민주적'이라는 말은 무슨 뜻일까?"라는 질문을 던졌지만, 아이들은 다른 질문에도 같은 대답을 하였다. 아이들에게 '학급자치'와 '민주주의'는 다른 의미의 단어가 아니었다. 전혀 예상하지 못했던 것은 아니지만 30여 명의 아이들이 거의 같은 생각을 하고 있다는 사실에 놀라지 않을 수 없었다.

학급의 문제를 학급의 주체인 자신들이 결정하고 책임져야 한다는 것은 알고 있으나 충분한 논의의 과정은 생략된 채 투표나 거수로 결정을 내리는 방법에만 익숙했기 때문이리라.

아이들에게 다른 대답을 원하는 눈빛을 보내는 나를 보며 눈치 빠른 한 아이가 "선생님, 국어사전에 '민주적'이란 '국민이 모든 결정의 중심에 있는'이라고 나와 있어요." 한다. 그 말을 듣고 다른 아이가 "그럼 학교에서의 '민주적'은 학생이 모든 결정의 중심에 있는 거네요? 그런데 왜 우리 학교는 안 그렇죠?", "정말, 우리가 뭘 결정할 수 있나요?" 순간 침묵이 흘렀다.

편복도 옆으로 똑같은 교실 배치와 교단을 향해 줄 맞춰 놓여 있는 책상과 의자는 아이들이 생각하는 민주주의 핵심인 '다수결'의 의사결정을 위해 최적화되어 있는 구조이다. 나와 다른 생각을 가진 사람이 누구인지 한눈에 알아볼 수 있다. 조금 다르게 표현하자면 내가 남들과 다른 생각을 하고 있다는 사실을 절대 감출 수 없는 구조이다.

학교 안에서 학생에게 교실 이외의 다른 공간은 쉽사리 허락되지 않는다. 학급 수의 감소로 유휴 교실이 생겨 학생들을 위한 공간으로 만들자는 학생자치회의 의견이 나왔지만, 관리상의 어려움과 학생들끼리 모아 놓고 그들만의 공간이 되면 학교폭력 등의 비행 공간이 될 수도 있다는 이유를 들어 비품 관리실로 만들어 자물쇠를 채웠다. 지난 학급자치회의 시간에 "정말, 우리가 뭘 결정할 수 있나요?"라며 반문했던 학생의 얼굴이 떠올랐다.

배정된 동아리 방 하나 없는 자율 동아리가 제대로 활성화되는 것은 불가능할 것이며, 회의할 수 있는 학생회실 하나 없는 학생회가 능동적이고 자치적으로 활동하기를 기대할 수 있을까? 지금까지 학교는 학생들에게 그들을 위한 공간을 절대 허용하지 않았다. 아니 허용해서는 안 된다고 생각해 왔다. 이런 학교에서 아이들에게 '민주주의'를 가르치고 있다.

## ● 표준화, 효율화로 포장하여
## 매우 저렴하게 교육의 평등을 이룬 학교

1960년대 지어진 교실에 그때와 별반 다르지 않은 모습으로 2020년에 입학한 1학년 아이들이 한쪽 벽에 달린 커다란 칠판 앞에 앉아 있다. 시대와 사회가 급변하고 교육정책 또한 숱하게 바뀌었지만, 학교의 물리적인 모습은 반세기가 넘도록 좀처럼 변하지 않았다. 많은 사람이 그 원인을 모든 국민에게 평등하게 동질의 교육을 제공한다는 취지에 따라 1962년에 문교부에서 제정한 '학교 표준설계도'에서 찾는다.

학교 표준설계도에는 운동장은 남쪽에, 학교 건물은 북쪽에 일자로, 10m 내외의 폭을 가진 건물에는 편복도가 있으며, 가로·세로 9×7m의 교실의 너비, 창문 크기, 천장 고도까지 학교 건축에 필요한 세세한 모든 사항이 정확히 규정되어 있다. 그러므로 학교 부지와 학생 수만 정해지면 곧바로 건축할 수 있었다. 초, 중, 고의 모든 학교가 같다. 여기에 학교 공간을 사용할 학생들의 나이나 발달단계의 특성 등은 고려 대상이 아니다.

우리의 기억 속에 남아 있는 학교는 대부분 학교 표준설계도에 따라 붕어빵을 찍어 내듯이 똑같이 지어진 것이다. 학교 표준설계도 의무 적용은 1992년에 공시적으로 폐지되어 지키지 않아도 전혀 문제가 되지 않았지만, 학생들을 통제하기 편하고 건축비가 싸다는 이유로 대부분의 학교는 지금까지도 관행처럼 학교 표준설계도에서 크게 벗어나지 않은 형태로 지어지고 있다. 기존의 'ㅣ'자형 건물 형태가 'ㄱ'자나 'ㄷ'자, 'T'자 형태 정도로 변형되었을 뿐이다.

윤승현[2019] 중앙대 건축학부 교수가 문화일보와 인터뷰한 내용을 보면 왜 폐기된 학교 표준설계도에 따라 학교를 짓고 있는지 알 수 있다. 윤 교수[2019]는 "학교를 보면 국가가 학생들을 어떤 정도의 가치로 바라보고 있느냐가 드러난다고 생각한다"라며 "학교 공간 품질이 담보되려면 그에 적절한 비용을 지불해야 하는데, 학교 공사비는 다른 공공건축물보다 낮게 설정돼 있어 표준설계를 따르지 않으면 비용을 맞추기가 어렵다"라고 말했다. 그는 "보통 공공건축물의 $m^2$당 공사비가 250~290만 원대라면, 학교는 200만 원이 채 되지 않는다"라며 "교정시설(교도소)도 270~280만 원 수준"이라고 덧붙였다.

학교 신축, 증축, 시설 보완을 할 예산이 있어도 지금의 제한된 학교 표준설계도에 막혀 제한을 많이 받는 것이 현실이다. 몇 해 전 학교 체육관을 신축할 때의 일이다. 처음엔 학생들의 의견을 반영한 구조로 설계도를 변경하고, 방화 기능이 좋은 벽면 단열재를 사용하고자 했으나 결국 방화 기능이 더 떨어지는 값싼 단열재를 사용할 수밖에 없었다. 학교 건물의 건축은 학교 표준설계도에서 설계를 바꾸거나 고급 자재를 쓰고 싶어도 건축 단가가 맞아야 했다. 결국, 학교의 모습은 학교 표준설계도의 획일화된 모습에서 벗어날 수 없었다.

우리는 어느 순간 모든 지역의 모든 학교가 똑같은 모습을 하고, 모든 학생이 똑같은 학교 건물로 등교하는 것을 곧 '교육의 평등'을 이룬 것으로 착각하게 되었다. 진정한 평등이란 같은 것은 같게, 다른 것은 다르게 만드는 것이다. 나와 네가 다르고, 그 다른 것에 의미를 부여하여 나만의 것을 만들어 가는 과정에서 그 어떤 차별도 받지 않는 것, 그것이 평등이다. 그런데 우리는 이상하게도 다른 것도 다 같게 만들어 버리고는 그것을 평등이라 부르며 평등을 지킨 것에 뿌듯함과 안도감을 느껴 왔다.

다른 것을 다르게 대해 줄 수 없다면 진정한 평등이라 할 수 있을까? 서로 다른 아이들을 정해진 틀에 집어넣고 밖으로 튀어나온 머리와 다리를 잘라 틀에 맞추고 평등을 이루었다고 뿌듯해하고 있다. 머리와 다리가 잘려 나간 아이들의 신음 소리에는 아무도 귀기울이지 않는다.

건축가 유현준[2018]은 그동안 우리 교육은 평등한 사회의 구현을 표준화, 획일화로 해결해 왔다고 지적한다. 그것의 가장 큰 결과물은 공급자 위주, 효율적 통제를 최적화한 학교의 모습이다. 획일화가 되면 가치 판단이 정량화되고, 나만의 가치가 사라져 우리의 가치, 전체의 가치만이 정답이 된다. 나만의 가치가 사라지면 나의 자존감은 찾을 수 없게 된다. 획일화는 상대와의 다름을 인정하지 않아 상대적 박탈감을 가져오고, 국민 간의 갈등을 심화시킨다. 이

것이 표준화와 획일화로 저렴하고 효율적으로 평등을 이룬 우리 학교의 모습이다.

## ● 학교 공간에 대한 민주적 관점 '공간 주권'

지금의 학교는 변해야 한다. 그 안에서의 삶도, 삶을 담아내는 공간도 변해야 한다. 그러기 위해서는 학교 공간을 바라보는 우리의 생각부터 달라져야 한다. 그렇다면 우리는 학교를 어떻게 바라보아야 할 것인가? 이 고민에서 출발하여 찾은 답 중의 하나가 '공간 주권'이다. 공간 주권이란 공간을 권력의 관점으로 보는 시각을 비판적으로 성찰하여 공간을 평등하게 재구성할 권리로 사유하는 것이다. SSK 공간 주권 연구[2013]의 연구에 따르면 공간 주권은 국민 혹은 시민 스스로가 자신의 구체적인 삶이 전개되는 공간에 대해서 주권자로서 권력을 행사할 수 있어야 한다. '주권'이라는 표현을 사용함으로써 시민 스스로가 공간을 구상하고 운영하는 데 최고의 권한을 갖고 책임감 있게 지속해서 이를 수행해야 함을 강조하고 있다.

이 맥락에서 학교에서의 '공간 주권'은 학생이 주인의식을 갖고 주도적으로 학교 공간을 변화시킬 권리를 의미한다고 할 수 있다. 학생들이 삶의 일부인 학교 공간을 어떻게 바꿔 나가야 할지 학생들에게 묻고 그들이 스스로 고민하고 직접 바꿔 갈 수 있도록 해야 한다.

"정말, 우리가 뭘 결정할 수 있나요?"라는 질문에 대한 대답을 찾던 중, 작은 것부터 우리 교실부터 바꿔 보기로 했다. '공간 주권'이 별건가? 공간의 주인이 결정하고 결정한 것 그대로 바꾸면 되는 것 아니겠는가? 학급자치회의 시간에 우리 반 교실에서 가장 비효율적인 공간을 찾아 바꿔 보기로 하고 학생들의 의견을 모았다. 처음엔 큰 기대를 하지 않는 모습이었지만 한두 명씩 의견을 내기 시작하니 너도나도 다양한 아이디어들이 쏟아져 나왔다.

학생들이 결정한 바꾸어야 할 공간 제1호는 1년 내내 눈길 한번 주지 않은 교실 뒤편의 게시판이었다. 칠판 크기 이상의 많은 공간을 차지하지만, 정작 학생들은 게시판에 어떤 내용이 있었는지조차 기억하지 못했다. 공간의 주인과는 전혀 상관없이 학기 초에 공간을 메우기 위해 학교폭력 예방 안내문, 교훈, 교화, 교목, 내신 성적 산출 안내문으로 채워 놓았기 때문이다. 공간의 주인들은 자신의 공간에 자신의 이야기를 채워 넣고 싶어 했다. 게시판을 떼어내고 양 끝에 철삿줄을 매달고 집게를 달아 자신들의 작품을 전시하기로 했다.

첫 게시 작품은 '내 짝꿍의 초상화'였다. 종례 시간 이후엔 단 1분도 학교에 남아 있고 싶어 하지 않는 아이들이 게시판 제거부터 집게 매달고 작품을 전시하기까지 각자 역할을 분담하여 척척 해 나가는 모습을 보며 놀라지 않을 수 없었다. 아이들에게 이런 열정이 있었던가? 아이들의 이런 모습이 '스스로가 공간을 구상하고 운영하는 데 최고의 권한을 갖고 책임감 있게 수행하는' 바로 그 '공간 주권'의 행사가 아닐까? 우리 반에서 시작된 공간 주권 행사는 다른 학급으로 퍼져 나갔고, 복도 게시판이 학생 작품 전시 공간으로 탈바꿈하게 되었다. 주권자들은 자신의 권한을 마음껏 행사하며 공간의 주인으로 거듭나고 있었다.

교육은 국가권력으로부터 자유로워야 하고, 학교는 입시 경쟁을 위해 학생을 통제하고 관리하는 방식에서 벗어나야 한다. 이를 위해서 지금과는 전혀 다른 새로운 학교 공간의 필요성이 절박해진 것이다. 그래야만 아이들이 나만의 가치, 나만의 개성을 찾을 수 있을 것이다. 사람에게는 복합적이고 풍부한 감정과 행위에 대응하는 다양한 공간이 필요하다. 네모난 획일화된 교실에서 모든 것을 해결하려고 하니 문제가 생길 수밖에 없다.

입이 아프도록 강조하여 이제는 전혀 새로울 것이 없는 '교육 패러다임의 변화', '미래 사회 새로운 인재상', 'AI 시대의 창의적인 인재'는 지금의 학교 공간에서는 실현하기 어렵다.

일본의 교육사회학자인 이시도 나나코イシド, ナナコ, 2016는 『미래교실』에서 21세기형 인재상을 위해 교육에 필요한 열 가지 시사점을 다음과 같이 제시하였다.

1) 배우는 방법을 배운다: 학교는 '교육'이 아닌 '학습'을 하는 곳이다. 학생들에게 전달하는 것은 배움의 '내용'이 아니라 '방법'이다. 무엇을 알고 있는가가 아니라 어떻게 꾸준히 배울 것인가, 그 방법을 몸에 익혀야 한다.

2) 즐겁게 배운다: '좋아하면 저절로 잘하게 된다'고 한다. 즐겁다고 느끼는 마음이야말로 배움의 원동력이다. 학교가 해야 할

것은 아이들이 즐거운 마음으로 몰두할 수 있는 환경을 마련해 주는 것이다.

3) 실물을 접한다: 마음이 흔들릴 정도의 감동은 실물을 접했을 때 생겨난다. 궁극의 실물은 '자연'이다. 자연에서 수많은 것을 배우고 느낄 수 있다. 살아 있는 자연 체험을 통해 아이들은 스스로 느끼고 거기서 얻은 정보를 정리하고 재구축한다.

4) 협동한다: 한 사람이 열 가지 일을 해내기보다 열 사람이 백 가지 일을 해내는 것이 변화하는 사회에 필요한 가치이다. 아이들에게 타인과 손을 맞잡고 어떻게 과제를 해결해 갈지 고민하는 경험을 학교가 제공해야 한다.

5) 서로 배우고 가르친다: 미래의 배움터는 지금처럼 한 사람이 가진 지식을 일방적으로 다수의 사람에게 전달하는 장이 아니라 다 같이 지식과 경험을 공유하며 가르쳐 주고 배우는 곳이어야 한다.

6) 창조한다: 머리로 생각만 하는 것이 아니라 반드시 형상화해야 한다. 형상화하는 과정에서 자신의 아이디어를 심화시킬 수 있다. 학교는 실제로 형상화할 수 있는 환경이 제공되는 곳이어야 한다.

7) 발표한다: 생각해서 형상화한 것을 자신의 입으로 타인에게 전달할 수 있어야 한다. 발표하고 그에 대한 피드백을 받음으로써 연속적인 배움으로 이어질 수 있다.

8) 과정을 즐긴다: 시행착오를 큰 부담 없이 경험하고 그 과정을 즐기는 방법으로 창작만큼 좋은 것은 없다. 학교는 그 창작

을 자유롭게 할 수 있는 환경을 제공해 주어야 한다.

9) 정답은 없다: 지금까지는 정해져 있는 답을 얼마나 빨리 알아 맞히는가가 중시되었다. 하지만 세상에는 정답이 없는 문제가 대부분이다. 다양성을 받아들이는 것을 중요하게 여기고, 아이들에게 타인의 아이디어나 작품을 존중할 수 있는 경험을 학교는 제공해야 한다.

10) 사회와 연계한다: 아이들도 사회의 일원이다. 아이들의 창조력과 사회와의 접점을 만들기 위해 노력해야 한다.

여기서 학교는 아이들의 가능성을 열어 주는 민주적 공간이다. 한쪽에 놓여 있는 칠판만을 노려보며 앉아 있는 모습이 아닌 서로가 서로에게 배우고 가르치는 과정을 즐기며, 서로 협동하여 자유로운 창작물을 만들어 내는 역동성이 아이들의 진정한 모습이다. 이시도 나나코[2016]의 관점에서 가장 강조되는 것은 학교 공간을 통해 '함께'하는 법을 아이들 스스로 배우게 한다는 것이다.

미국에서 오래 생활한 원로 건축가 유걸[2018]은 "미국 아이들은 한국 아이들에 비해 한 명 한 명은 둔한 느낌인데, 다 같이 모아 놓으면 뭔가 하나를 만들어 낸다. 반면 우리나라 아이들은 한 명 한 명은 똑똑한데 모아 놓으면 제대로 일을 못 한다. 우리나라 교육 공간은 협업하는 훈련을 시키지 않는다"라고 비판하며, 학교 공간이 아이들에게 어떤 의미여야 하는지를 말해 준다.

앞으로 2~4장에서는 삶터로서의 학교 공간의 의미와 프로젝트 수업을 통해 실제로 학교 공간의 변화를 이룬 사례, 그리고 지역사회와 함께 공유하는 민주적 공간으로서의 학교 공간에 대해 함께 고민하고자 한다.

# 2장
## 삶터로서의 학교 공간을 그리다

한혜영

● 삶을 닮지도 않고, 담지도 않다

학교의 하루를 스케치한다.

아침 일찍 등교한 아이들이 삼삼오오 짝을 지어 복도나 교실에서 스마트폰으로 게임을 하고 있다.

1교시 쉬는 시간이다. 좁은 복도로 아이들이 쏟아져 나온다. 10분이라는 시간은 길고도 짧다. 복도에서 100미터 달리기를 하는 아이들, 도망가느라 뛰고 잡느라 뛰고 혹은 복도에 무리 지어 수다를 떠는 아이들과 몸 장난을 하는 아이들로 인해 원활한 통행이 어려운 지경이다. 안전사고를 이유로 설치된 복도 CCTV가 무색할 따름이다.

2교시 수업 시간. 한 여학생이 두통이 있다고 해서 보건실에 보냈는데 보건 선생님께서 안 계시다고 그냥 돌아왔다. 그 아이는 두통으로 인해 수업 시간 내내 엎드려 통증을 견딜 수밖에 없었다.

점심시간이다. 작은 급식실이 전교생을 수용하지 못해서 학년 순으로 기다렸다가 밥을 먹는다. 교사들은 아이들 급식 질서 지도를 하느라고 시간을 쪼개어 밥을 먹는다. 급식 시간이 조금이라도 지체되면 나중에 먹는 학년은 밥을 왜 늦게 먹어야 하느냐고 아우성이다. 먼저 먹겠다고 새치기하는 아이, 점심시간에 밥을 먹느니 운동장에서 10분이라도 더 뛰어놀겠다는 아이. 소리 없는 전쟁이다. 먹고 사는 일이 이렇게 힘들어서야… 점심시간의 운동장은 선후배의 위계질서가 강력하게 작동한다. 한정된 공간으로 인해 점심시간에 누가 운동장에서 축구공을 찰 것인가는 아이들에게 매우 중요하고도 민감한 사안이다. 우리 학교는 최고 학년만이 축구공을 찰 수 있는 특권을 가지고 있다. 그 아래 학년들은 운동장 테두리 쪽 농구장에서 농구를 하거나 학교의 자투리 공간에서 시간을 보낸다.

5교시 스포츠클럽 시간이다. 옥상의 유휴 공간을 활용한 공간에서 줄넘기 수업을 하고 있다. 비가 오면 천장에서 비가 새고, 여름이면 에어컨이 설치되지 않아 사우나 같은 더위에 땀을 뻘뻘 흘리며 줄넘기를 한다. 겨울이면 문틈 사이로 들어오는 칼바람에 손을 호호 불며 운동을 한다.

수업이 끝났다. 종례 후에 청소를 시작한다. 낡은 나무 바닥은 틈이 벌어질 대로 벌어져서 그 틈새로 자꾸 쓰레기가 낀다. 미세먼지로 인해 창문을 마음껏 열기도 힘든 요즘. 어설픈 비질 몇 번으로 수많은 먼지가 만들어진다. 물걸레질을 하고 싶어도 나무 바닥이 썩고 삐걱거려서 마음대로 닦아 낼 수가 없다.

　방과 후에 부장 회의가 있다. 교장실에서 회의를 진행한다. 움직이기조차 버거운 크고 무거운 의자를 어렵사리 꺼내어 교장을 중심으로 교감, 행정실장, 교무부장 순으로 정해진 자리에 앉는다. 안건 중심의 회의를 진행한다고 하고는 매번 월중 행사 계획을 부서별로 돌아가며 읽는다. 어쩌다 나온 안건은 시간이 부족해 제대로 논의도 못 해 보고 다음 기회로 미루고 만다. 과연 우리에게 다음은 있는 것일까.

　학교를 가만히 들여다보노라면 우리가 원하는 삶을 닮지도 않았고, 우리의 삶을 온전히 담고 있지도 않다는 슬픔과 마주하게 된다. 독일의 교육철학자 볼르노Bollnow는 "우리가 교육에 관해 생각할 때 고찰해야 할 공간은 수학자나 물리학자가 생각하는 추상적이고 동질적인 공간이어서는 안 되며, 인간에 의해서 체험되는 구체적 공간, 거기서 실제로 인간의 삶이 이루어지고 있는 공간이다"라고 말했다. 이런 의미에서 학교의 공간을 '삶터'로 바라볼 필요성이 있다.

　오늘날 문화 연구에서 공간은 아주 새롭게 각광받는 주제이다. 그동안 시간에 밀려 시답잖게 여겨졌던 공간이 갖는 문화적 기능을 적극적으로 탐색하려는 학자들의 시도를 '공간적 전환'이라고 부른다. 학교라는 공간도 시민을 길러 내는 민주적 학교문화를 위한 공간적 전환의 시각으로 바라보려는 시도가 필요한 이유가 여기에 있다.

하루의 대부분을 학교에서 보내고 있는 학생, 교사들은 학교 공간이 만들어 내는 비민주성을 쉽사리 인식하지 못한다. 이제는 학교의 민주적 공간이 우리의 삶에 지대한 영향을 미치고 있음을 그리고 스며듦을 알아채야 할 때이다.

## ● 장소와 공간을 말하다

김승회2016는 학교의 공간은 그 자체로 하나의 교과서, 텍스트라고 했다. 학생들은 그 공간을 경험하는 과정을 통해 지식이 전수되는 방식, 생활을 영위하는 방식 그리고 그 공간이 내포하는 문화적 취향을 익힌다.

'장소場所'의 사전적 의미는 어떤 일이 이루어지거나 일어나는 곳을 뜻하고, '공간空間'은 아무것도 없는 빈 곳을 뜻한다. 공간이 목적을 위해 이용하는 곳이라면, 장소는 목적 이상을 위한 활동이 펼쳐지는 곳이다. 이는 '나'란 사람이 '다른 사람'과 관계를 짓는 행위이자 또 다른 세계를 창조하는 행위로 추억을 남길 수 있다. 관계를 짓는다는 것은 서로에 대한 돌봄이 있다는 의미이다. 따라서 학교 공간을 이야기할 때 '공간'은 '장소'가 지니는 의미로 해석되어야 할 것이다.

나의 어릴 적 동네 놀이터를 떠올려 본다. 학교가 끝나면 동네의 가장 큰 공터(마당)에서 코흘리개 유치원 아이부터 고등학교 언니,

오빠까지 함께 어울려 술래잡기, 사방치기 등의 놀이를 해가 질 때까지 했었다. 지금처럼 휴대전화, 컴퓨터 등이 없어도 마당, 뒷산, 온 마을이 삶이 깃든 놀이터이자 주변의 모든 것이 놀이의 소재였다. 자유롭고, 창의적이고, 자발적인 여러 놀이를 통해 자연스럽게 놀이의 규칙과 재미를 알게 되었고, 서로 어울리며 성장하는 법을 배웠다. 내 마음에 들지 않거나 놀이에서 졌다고 떼를 쓰면 안 된다는 것을 나보다 나이가 많은 이들에게 자연스럽게 배우며 규칙에 대한 체화도 이루어졌다. 서로가 서로를 돕고 돌보는 자연스러운 놀이의 과정을 통해 협력의 중요성도 알고, 돌봄의 소중함도 알게 되었다. 마당이라는 공개적인 장소에서 관계를 맺으며 서로의 삶을 돌보는 성장의 과정이 있었던 것이다.

놀이는 유년의 내가 성장하는 데 하나의 작은 교과서이자 학교였다. 그런데 지금 우리 아이들의 모습은 어떠한가. 학교 안에서 그리고 방과 후에, 아니면 사회 안에서 이러한 놀이를 통해 배우는 과정이 그들의 삶 속에 담겨 있는지 의문이다.

학교라는 물리적 공간은 심리적 공간을 지배한다. 학교 안에서 살아가는 사람들이 학교에서 느끼는 정서적 안정감은 무척이나 중요하다. 이런 의미로 함께 살아가는 방법을 배우기 위해서는 경계 지키기가 매우 중요하다. 학교에서 공간은 다른 사람의 경계를 침범하지 않으면서도 더불어 사는 법을 배우는 곳이어야 한다. 그런데 지금의 학교는 각종 규칙들만 앞세워 경계 세우기에만 급급하고, 서로 돌보고 더불어 사는 데에는 소홀하지 않았는지 성찰해야 한다. 학교가 공간으로서의 기능만 할 때는 이 경계가 무너질 수 있으나 장소로 기능을 할 때 비로소 집처럼 안전하고 따뜻한 곳이자 진짜 활동과 배움이 일어나는 장소로 새롭게 채워질 수 있을 것이다.


## 공간이 갖는 힘-민주적인 사람과 삶을 만들다

학교는 배움과 일(노동)과 쉼과 놀이가 공존하는 곳이다. 철학자 앙리 르페브르Henri Lefebvre, 2011는 "인생을 바꾸려면 공간을 바꿔야 한다"라며, 공간은 그저 비어 있고 수동적으로 채워지는 곳이 아니라고 한다. 공간은 매 순간 인간의 상호작용에 개입하고, 의식을 변화시킨다. 그는 다양한 방식으로 사회적 공간의 개념을 설명하고 있다. 공간을 다음과 같은 세 차원으로 설명하면서 사회적 공간의 의미를 규정한다. 물리 공간, 사회적 공간, 정신 공간의 세 개념으로 구분한다. 물리 공간은 자연을 의미하고, 정신 공간은 공간에 대한 형식적 추상을 의미하며, 사회적 공간은 인간 상호작용의 공간을 의미한다. 그러나 정신 공간이나 추상 공간이 사회적 공간과 완전히 분리된 공간을 의미하는 것은 아니다. 학교의 공간은 분리된 공간들의 단순집합이 아니다. 이런 의미에서 세 가지 차원의 공간은 단절된 것이 아니라 사람을 중심에 놓고 학교 안에서 살아가는 이들의 삶이 빛날 수 있도록 연결되어야 한다.

사회적 공간은 다양하고, 겹겹이 연결되어 있다. 예를 들면 지역 공간-국가 공간-글로벌 공간이라고 구분했을 때 이 공간들은 독립적인 공간이면서도 서로 연결되어 있다. 즉 작은 공간들이 모여서 단순히 상위의 공간을 구성하는 기계적 집합이 아니라 상호적인 관계에 있다고 볼 수 있다. 결국 르페브르²⁰¹¹가 말하는 사회적 공간을 학교 공간에 대입해 보면 학교는 국지적 복합공간인 것이다. 르페브르²⁰¹¹가 강조하는 것처럼 중요한 것은 총체성globalite으로서의 공간이다. 그런데 현재의 학교 공간은 동질화, 파편화, 서열화되어 있다. 이러한 요소들이 학교를 비민주적인 공간으로 만들고 있다.

문화심리학자인 김정운²⁰¹²은 "삶이란 지극히 구체적인 공간 경험의 앙상블이다. 공간이 문화이고, 공간이 기억이며 아이덴티티다"라고 말하며 타인에게 방해받지 않는 공간인 '슈필라움'에 대해 말한다. 독일어에만 있는 단어인 슈필라움Spielraum은 '놀이spiel'와 '공간raum'의 합성어로, '내 마음대로 할 수 있는 자율의 주체적 공간'을 뜻한다. 안타깝게도 슈필라움을 표현할 수 있는 우리말은 없다.

'아무리 보잘것없이 작은 공간이라도 내가 정말 즐겁고 행복한 공간, 하루 종일 혼자 있어도 전혀 지겹지 않은 공간, 온갖 새로운 삶의 가능성을 꿈꿀 수 있는 그런 공간이야말로 진정한 내 슈필라움이다.'

자신만의 슈필라움이 있어야 인간으로서의 자존감을 만들고 품격을 지키며 제한된 삶을 창조적으로 재구성할 수 있다. 학교처럼 사람들로 밀집된 장소에서도 본능적으로 자신을 위한 최소한의 공간을 확보하려 하는 것이 인간의 본성이다. 공적인 공간 안에서 내 공간을 어떻게든 마련하여 정성껏 가꾸려는 이유이기도 하다. 그러나 아무리 드넓은 공간을 물리적으로 소유해도 그곳이 슈필라움이 되는 것은 아니다. 값비싼 가구와 물건, 좋은 시설로 그 공간을 가득 채운다고 해서 슈필라움이 만들어지는 것이 아니다. 아무리 보잘것없는 작은 공간이라도 그 안에서 내가 진짜 하고 싶은 일을 할 수 있을 때 비로소 즐겁고 행복한 공간이 되는 것이다.[1]

과연 학교에서 우리 아이들에게는 슈필라움과 같은 공간이 있기는 한 걸까? 학교는 공적인 공간과 사적인 공간이 공존하고, 집중과 분산이 유연한 공간이 되어야 한다. 큰 예산 없이도 조금만 세심한 눈길을 갖고 학교를 둘러보면 지금의 학교 공간을 바꿀 수 있다. 유휴 교실 등을 재창조하여 학생들에게 슈필라움으로서의 공간을 열어 주고, 여유와 쉼이 있는 삶터로서의 공간을 그들에게 돌려줄 수 있다. 학교에서 편안하게 널브러질 수 있는 공간, 혼자만의 사색을 즐길 수 있는 독립적인 공간 또한 아이들에게는 절실히 필요하다. 우리가 학교라는 공간을 우리의 삶이 온전히 스며든 공간으로 바꾸기 위해서는 그곳에서 살아가는 학생, 교사와 같은 사람을 그 공간의 주체로 세워야 하는 이유가 바로 여기에 있다. 이러한 공간을 경험한 아이들은 나중에 시민으로서 자신의 공간, 지역사회의 공간, 민주주의라는 정치적 공간, 지구라는 인류의 공간을 민주적으로 조형할 수 있는 힘이 생긴다.

---

1. 슈필라움에 관한 이야기는 김정운의 『바닷가 작업실에서는 전혀 다른 시간이 흐른다』(2019)를 참고하였다.

우리 삶이 머무는 곳-삶을 위한 공간으로 디자인하라

교실의 주인은 학습자가 되어야 한다. 그렇다면 학교가 삶터로서의 공간을 그리려면 디자인의 방향은 어떠해야 하는가. 미국의 교육학자 쉐닝거와 토마스 머리Sheninger & Thomas Murray는 다음의여덟 가지를 이야기하고 있다.

- 협동을 위한 디자인: 유동성 있는 자리 배치, 편안한 가구 등이 있어야 하며, 짧은 시간에 재배치할 수 있는 공간
- 자기주도적 학습을 위한 디자인: 학생에게 독립적으로 작업할 수 있는 기회를 제공하는 공간
- 조사, 탐구, 그리고 창작을 위한 디자인: 학생과 교사 간의 경계 없이 학생 스스로 창작 행위를 할 수 있는 유형으로 조성
- 능동적 학습을 위한 디자인: 학생들의 능동적인 움직임으로 뇌에 산소 및 혈액 공급을 촉진하여 더 높은 수준의 학습을 가능하게 하는 공간
- 관계 형성을 위한 디자인: 사회적 기술을 기르고 관계를 형성하는 학습 공간은 교실과 학생이 교직원과 격식을 갖추지 않고 만날 수 있는 공용 공간까지 연결
- 소속감을 위한 디자인: 공간에 대한 소속감을 증진하기 위한 개별화된 학습 중심 공간
- 지속성을 위한 디자인: 비용 면에서 효과적이고 학습자들에게 이로운 친환경적인 디자인

- 학생 안전을 위한 디자인: 공간이 재설계될 때 필수적인 것은 학생 안전을 고려하는 것

삶터로서의 학교 공간을 창출하고자 하는 노력은 이미 국내외의 많은 학교에서 그 변화와 도전이 시작되었다. 스웨덴의 비트라 학교Vittra Utbilding: Vittra Education의 교육 목표 중 하나는 '의사소통하는 능력을 기르고 서로를 존중할 수 있어야 한다'이다. 이를 위해 학교의 공간 구성이 계획되어 있고, 삶과 분리되지 않는 교육을 실천하고 있다. 특히 교실이 없는 학교 공간의 구성은 학교 전체가 개인의 공간으로 개인은 어디든 자신이 원하는 곳을 점유할 수 있는 권리를 가지고 있음을 의미한다. 이는 학생들이 더욱더 자유롭게 자신이 원하는 '곳'과 '것'을 선택할 수 있도록 배려한 것이다. 프랑스 소설가 마르셀 프루스트Marcel Proust, 2016는 "진정한 발견이란 새로운 땅을 찾는 것이 아니라 새로운 눈을 갖는 것이다"라고 했다. 교실과 학교를 삶이 깃든 새로운 공간으로 만들고 싶다면 이제는 학교 공간을 보는 새로운 눈을 가질 때이다.

새로운 눈을 가지고 학교 공간을 혁신한 국내의 몇몇 학교를 돌아보며 작지만 큰 변화를 느낄 수 있었다. 여주의 송삼초등학교는 학교 공간을 재구조화할 때 구성원의 다섯 가지 고민을 반영하였다. 첫째, 아이들이 원하는 공간은 무엇일까?, 둘째, 통합교실이 왜 필요할까?, 셋째, 작아진 교실과 통합교실의 활용 방안은 무엇인가?, 넷째, 작은 학교가 살아남을 수 있는 방법은 무엇인가?, 다섯째, 공간이 수업을, 문화를 바꿀 수 있을까? 송삼초등학교의 고민

을 들여다보면 학교 공간을 교육과정에 따라 재구조화하고 있음을 알 수 있다. 또한 가장 우선시하는 것은 학교 공간에서 살아가는 아이들의 이야기였다. 아이들 즉 사람을 소중히 여긴다는 것은 그 안에 머무는 삶도 소중히 여긴다는 것이리라.

## ● 배움이 삶이 되고 삶이 배움이 되는 학교

학교 공간의 변화와 도전에 대한 궁금증을 갖고 시작한 학교 공간 탐방 여행 중에 다녀왔던 안성의 백성초등학교가 기억에 남는다. 학교 공간의 변화가 학교문화와 수업, 학교의 일상을 어떻게 바꾸는지를 잘 보여 주고 있다.

우리는 학교 공간을 바꾸는 일이 막대한 예산이 들어가고, 꽤 까다로운 절차로 인해 부담이 되는 작업이라고 생각했죠. 그런데 아이들은 삐까번쩍한 학교를 원한 것이 아니었어요. 아이들은 조금 더 안락하고, 즐겁고, 쉼이 있는 아주 소박한 학교 공간을 원했죠. 맘껏 뛰어놀면서도 그것이 배움이 되고, 삶이 되는 학교를 원했다는 걸 프로젝트 수업을 하면서 깨달았어요. 그래서 학교는 배움터이자 삶터가 되어야 한다는 거예요.

백성초등학교의 공간 구성을 보며 『학교의 품격』 첫 장에 있는 구절이 떠올랐다. "학교 공간에 대한 생각을 바꾸는 것만으로도 수업이 바뀌고, 관계가 달라진다. 중심은 사람이고 삶이어야 한다. 공간에 스며들어 빛나야 한다."

　백성초등학교는 공동체가 함께 머리를 맞대고, 필요한 공간을 만들어 갔다. 중고등학교와는 다르게 초등학생의 발달단계를 고려하여 구성한 놀이 공간과 쉼의 공간들은 그 중심에 사람이 있다는 것을 여실히 보여 준다. 그리고 따뜻함이 존재한다. 이러한 공간들은 사람을 통제하는 것이 아니라 사람을 신뢰하고 응원하는 공간으로 작용한다. 놀이 공간이 학습 공간으로 이어지는 경험은 교사나 학생에게 유연한 교육과정의 실천이 가능하다는 가르침을 준다.

　낡고 오래된 소규모 학교를 미래 학교로 재탄생시키는 것은 유사한 상황에 놓인 일반 학교들에게 시사하는 바가 크다. 특히, '생각마루' 쉼터, 사방치기 등을 할 수 있는 놀이 공간, 자유롭게 뒹굴고 휴식을 취할 수 있는 매트가 있는 공간, 아이들이 만든 작품 하나하나를 소중히 여기고 전시한 공간, 학교의 구석구석에 그곳에서 살아가는 이들의 자취를 느낄 수 있는 손길이 닿아 있는 공간들은 물리적 공간과 심리적 공간이 연결되어 있다는 것을 말해 준다. 즐기는 공간을 비롯한 다양한 공간들에서 아이들과 교사들은 자신만의 슈필라움을 만들 수 있지 않을까. 백성초등학교의 공간 변화가 만들어 낸 다채로운 교육활동과 학교문화는 우리의 삶을 고스란히 닮고 그리고 담고 있다.

　대부분의 학교 공간은 민주성이 매우 낮은 편이다. 관리와 통제, 행정 편의 중심의 배치가 일반적이다. 그러나 백성초등학교 곳곳의 자연 친화적인 환경과 개방성은 아이들에게 정서적으로 안정감과 신뢰를 준다. 이러한 공간들은 삶과 연계된 주제 중심의 수업도 용이하게 만든다. 학급 내 수준 차를 극복하며 즐겁게 배울 수 있는 수업이 이러한 학교 공간과 맞닿아 있기 때문이리라. 아이들은 학교에서의 배움이 곧 삶이며, 살아가는 순간순간의 삶의 조각들이 이어져 곧 배움이 된다는 것을 느낄 수 있을 것이다.

백성초등학교는 다른 학교들과 비슷한 공간의 구조를 갖고 있지만, 학교 공동체의 공간에 대한 세심한 관심과 노력으로 소소한 아름다움을 자아내는 학교 공간을 탄생시켰다. 관심, 참여, 소통 등의 과정을 지켜본 아이들은 일상의 삶 속에서 자연스럽게 민주시민의 자질을 기르고 있는 것이다. 교과서에서 글로만 배우는 민주주의가 아니라 삶과 맞닿아 있는 일상의 민주주의를 배우고 있다.

다음 장에서는 프로젝트 수업을 통해 실제로 학교 공간의 변화를 이룬 사례를 살펴볼 것이다. 생각한 대로 개선하고 실천하는 수업을 통해서 우리는 삶 속의 민주주의를 경험하게 될 것이다.

# 3장
## 공간 혁신 프로젝트 수업을 통해 민주주의를 배우다

김명희

## ● 삶 속의 민주주의를 경험하게 하는 최고의 소재

회색 콘크리트 담장으로 둘러싸인 학교 건물이 매번 여러 가지 생각을 떠오르게 하는 출근길이다. 최근 10여 년 공교육에 혁신교육 운동이 일어나면서 획일적이고 단단하게 각진 학교 건물 안에서 교육과정의 다양성을 이끌어 내는 많은 변화가 있었지만 밖에서 보는 학교 외관은 마음 한구석에 풀지 못한 숙제로 남아 있었다. 삶을 위한 교육을 꿈꾸었지만 학교 공간은 여전히 삶을 위한 공간이 아닌 생활에 대한 통제의 패러다임과 관료성에 기반을 둔 비민주적 외형을 가지고 있다. 일상적 삶을 살아가는 공간인 집에서는 3~4년만 되어도 도배를 새로 하고, 가구 배치를 바꾸며, 색깔부터 화분까지 계절 따라 많은 공을 들인다. 그러나 학교 건물 안으로 들어서는 순간 아이들은 색깔, 모양, 구조와 배치 등 학교와 교사가 정해 놓은 획일적 공간 속에서 공간이 주는 규칙에 따라 하루 중 가장 중요한 시간을 보낸다.

딱딱한 교실 의자 외에는 앉을 곳이 없어 오늘도 아이들은 복도를 서성이거나 화장실로 몰려가 친구를 만난다. 또한 큰 학교든 작은 학교든 몸이 안 좋을 때 쉴 수 있는 곳은 보건실의 두세 개 침대가 다이다. 교실 공간이 남아돌아도 그곳이 아이들의 요청에 의해 아이들이 희망하는 공간으로 사용되는 경우는 드물다. 어른들의 계산법으로 경제성과 효율성의 원칙에 따라 지어진 학교 건물은 아이들이 무언가를 상상하고 실험하게 하는 곳이 아니다. 뛸 수밖에 없는 휑한 구조 속에서 뛰지 않길 바라고, 다칠 수밖에 없는 네모난 구조 속에서 다치지 않고 하루를 안전하게 보내고 가길 바라는 교사들의 걱정과 염려가 뒤따를 수밖에 없다.

파커 J. 파머Palmer, 2016는 저서 『비통한 자들을 위한 정치학』에서 "우리는 다름의 가치를 인정할 줄 알아야 한다. 거기에는 우리의 생활양식과 완전히 달라 보이는 형태의 다름도 포함된다. 물론 그 차이 안에 깔려 있는 창조적 가능성들을 끌어안지 않으면 깊은 환대를 실천하지 못할 것이다"라고 서술했다.

민주적인 마음의 습관을 연습하기 위해서는 일상적 교육과정과 수업 속에서 자신이 처한 환경을 낯설게 바라보는 학습 경험이 있어야 한다. 획일성에 저항하며 새로운 환경을 창조함으로써 배움을 실천의 장으로 연결하는 교육이 절실히 필요한 것이다. 그 속에서 배움의 의미와 목적을 찾고 그것이 실현되는 과정을 끊임없이 연습하면서 아이들은 미래의 민주시민으로 성장할 수 있다.

다양성을 인정하고 차이와 다름 속에서 새로운 것을 창조하는 경험을 할 때 민주주의가 싹틀 수 있는 토양이 만들어진다. 이제 물리적 학교 공간이 가진 비민주성과 획일성에 대해 아이들이 질문하고 날 선 비판을 할 수 있도록 해야 한다.

아이들이 마음의 민주성을 키우기 위해 학교 공간을 낯설게 바라보고 익숙한 것을 새롭게 비틀어 봄으로써 변화와 창조를 경험할 수 있다면 이야말로 다름의 가치를 환대함으로써 새로운 것을 창조하고, 민주적 시민으로 성장할 수 있는 토대가 되는 일이다.

긴 세월 우리는 아이들에게 학교 공간에 무엇이 필요한지, 책상의 구조는 어떠해야 하는지, 어떤 색깔이 필요한지 묻지 않았다. 늦은 감은 있지만 아이들이 살아가는 공간을 혁신하자는 이야기가 최근 교육계의 혁신 화두로 떠오르고 있는 것이 한편으로는 반갑고, 또 다른 한편으로는 염려스럽기도 하다. 왜냐하면 천편일률적이고 획일적인 방식으로 시설을 새로 바꾸는 혁신을 하거나 어른의 관점에서 아이들의 생각과 삶을 담아내지 못하는 반쪽 혁신으로 끝나 버릴 수 있기 때문이다.

학교의 주인이 아이들이라면 그곳에서 생애 가장 중요한 시기 중 한때를 보내는 아이들의 요구와 필요를 배려한 공간의 구성 또한 고민해 보아야 한다. 특히 자신이 살아가는 곳을 교육과정과 수업의 소재로 삼아 어떻게 변화시킬지 탐색하고 고민하게 하는 것이야말로 살아 있는 배움이 일어나는 교육의 한 장면이라 할 수 있다. 아이들이 학교의 진정한 주인이라면 공간을 바꾸는 과정 또한 아이들이 고민하고 선택하며 결정할 수 있는 방식으로 이루어져야 하며, 최소한 자신이 살아가는 환경에 대한 권리와 결정권을 행사할 수 있어야 한다.

배움이 삶을 위한 실천으로 연결되는 수업 속에서 학습에 대한 열정과 협력은 강하게 일어난다. 공간 혁신 수업 속에서 공간의 비민주성과 문제점을 스스로 발견하며 문제를 의식하게 하는 일은 민주성을 키우는 강한 시작이 될 수 있다. 또한 새로운 배움의 공간을 창조하며, 생각한 대로 개선하는 경험은 삶 속의 민주주의를 경험하게 하는 최고의 소재가 될 수 있다.

## ● 전문적학습공동체 문화로 만들어 가는 공간 혁신 프로젝트 수업 사례

2019년 9년 차 혁신학교로서 새롭게 재도약을 시작하는 오산운산초등학교 교사들은 주체적 삶, 공감적 삶, 공동체적 삶을 핵심 가치로 삼고, 삶으로서의 역량을 키워 주는 교육활동을 고민하며 실천하는 중이다. 2018년 겨울, 학교교육과정 설계 워크숍 과정을 통해 공간 혁신 프로젝트 수업을 학교단위의 공동실천 주제로 설정하였고, 전문적학습공동체 활동 속에서 동료들과 함께 학년별 교육과정과 연계하여 프로젝트 수업을 개발하였다. 궁극적인 목적은 학교 공간을 사용하는 사람들에 대한 공감을 바탕으로 가고 싶고, 머무르고 싶은 학교를 만드는 데 있다. 이 수업에 담긴 교사들의 지향점은 직접 꿈꾸고 만들어 가는 공간 혁신 프로젝트를 통해 공간의 민주성 및 수업의 민주성을 구현하는 민주시민교육을 실현하겠다는 것이다.

공간 혁신의 철학과 방향에 대해 주제를 탐색하고 연구하며 이를 교육과정과 연결시켜 학생들이 주도하는 프로젝트 수업으로 개발하는 전문적학습공동체 과정은 운산초 교육과정이 고이지 않고 늘 새롭게 변화하는 원동력이 되어 왔다. 실제 전문적학습공동체 실천 과정을 살펴보면, 먼저 전 교사가 주제 탐구의 과정으로 공간 혁신에 관한 독서토론과 전문가 초청 연수 등을 통해 교사들의 철학과 방향을 공유한다. 또한 구체적 실천 사례를 통해 공간 혁신에 대한 비전을 공유하는 것을 중요하게 여긴다. 두 번째 단계로 운산초가 강한 실천력을 보이는 부분은 학년별로 교육과정과 연계하여 공간 혁신 프로젝트 수업을 개발해 가는 과정이며, 이것이 어느 특정 학급의 실천에 머무르지 않고 학년 전체의 실천으로 연결된다는 점이다. 마지막 단계는 교사들의 전문성을 키우는 핵심 요소 중 하나인 공개와 공유 콘퍼런스가 시스템화되어 있다. 한 학기에 한 번 개발하고 실천한 프로젝트 수업을 지역에 개방하여 공유하는 과정이 정례화되어 있으며, 이는 지역 전체의 변화에 영향을 미치기도 한다.

## 오산시 별별숲 프로젝트와 학교의 지향이 만나다

교사와 아이들이 만들어 낸 공간 혁신 수업을 실현하는 데 결정적 도움을 준 것 중 하나는 오산시청의 별별숲 프로젝트이다. 학교 공간 혁신, 별별숲 프로젝트란 '특별'하고 '유별'난 공간 혁신으로 아이들의 창의력과 지혜가 샘솟는 '숲' 프로젝트를 의미한다. 오산시의 담당 팀장은 학교 공간과 교실 공간의 혁신을 통해 아이들이 행복하고 머물고 싶어 하는 학교를 조성하고자 하는 프로젝트로, 학생들이 대부분의 시간을 보내고 있는 학교 공간을 아이들의 상상으로 채움으로써 미래형 교육 공간을 새롭게 발견하고 학생 중심의 교육을 실현하는 데 역점을 두고 있다고 말한다. '학교'라는 배움의 공간을 학생, 교사, 학부모, 지역 활동가, 마을 구성원이 함께 참여하여 현재 학교의 모습을 탈피하고 자유로운 상상과 뛰어놀 수 있는 공간이 마련된 미래 교실, 머물고 싶은 학교의 모델을 만들어 가는 데 기본 방향을 두고 있다.

오산시의 공간 혁신 정책이 현장에 유의미하게 다가오고 공감을 받는 이유는 공간 혁신 방향이 지닌 의미 때문이다. 학생으로부터 시작되는 창의적 학교 공간 조성과 학교의 교육철학 및 교과 교육과정과의 연계에 기반을 둔 정책을 추진하고 있으며, 큰돈을 들여 공사하듯이 하는 시설 개선 차원이 아닌 민주시민교육의 소재로 공간 혁신 정책을 펼치려고 한다는 점이다. 특히 학교에서는 접근하기 어려운 건축 전문가를 학교와 연결해 줌으로써 공간 혁신 수업 과정에서 교사가 겪는 결정적 어려움을 극복하게 해 주는 계기가 되었는데, 이는 혁신교육지구의 다양한 사업들이 어떻게 전개되어야 하는지에 대한 좋은 모델을 보여 준다. 지자체와 학교가 같은 철학과 방향을 공유하는 것의 중요성과 의미를 다시 되짚어 보아야 하며, 가시적 효과보다 학교가 처한 상황과 어려움을 살피고 지원하는 모습들이 실천하는 교사들에게 잔잔한 감동을 준다.

학교가 공부하는 공간을 넘어 아이들의 시선에서 활동하고 궁리하며 새롭게 탐험할 수 있는 가슴 뛰는 공간이 되려면 교사는 아이들에게 수업 속에서 끊임없이 되물어야 한다. 아래의 사례는 운산초등학교 교사들이 아이들에게 던지는 질문을 담은 프로젝트 수업 중 하나이다.

공간 혁신 프로젝트 수업을 통해 아이들은 학교를 삶의 공간으로 바라볼 수 있었고, 거창하고 크게 바뀐 공간들은 아니지만 내가 꿈꾸는 학교의 모습을 그려 보고, 함께 실천해 가는 과정 속에서 성취감을 느끼며 더 큰 도전을 꿈꾸게 되었다고 이야기한다.

▶ 모두가 행복하고 머무르고 싶은 교실 만들기 프로젝트

오산 운산초등학교 3학년(2019)

가. 프로젝트 수업의 의도

수업이 많은 날은 하루 6시간을 학교에서 보내는 학생들. 잠을 자는 시간을 제외하면 집보다 교실에서 머무르는 시간이 길지도 모르는데, 집처럼 편안하고 행복하게 지내는 학생들은 몇이나 될까? 학교라는 공간에서 학생들이 집처럼 행복하고 편안하게 머무르다 갈 수는 없을까? 공간 혁신 프로젝트는 이 질문에서 시작되었다. '공간 혁신' 하면 학교를 전체적으로 바꾼 사례, 또는 학교에 특별한 장소를 만들거나 기존의 장소를 특별하게 변화시킨 사례 등이 주로 거론된다. 그러나 3학년인 학생에게 거창하게 학교를 바꾸는

것은 학년의 수준에 비추어 무리일 것 같아, 지원받은 지자체 예산으로 학교에서 학생들이 주로 시간을 보내는 교실 공간을 혁신하여 아이들의 공간 혁신에 대한 체감도를 높이는 방향으로 프로젝트를 진행하기로 의견을 모았다.

프로젝트에서 첫 번째로 중점을 둔 것은 학생주도성이다. 주제 선정에 따라 교실 공간 혁신의 방향 및 결과가 달라질 수 있기에 주제를 선정할 때부터 학생이 바라는 교실의 모습을 나누며 주제를 정하였다. 두 번째로는 공간 혁신의 가역성이다. 현재 3학년인 이 학생들은 졸업할 때까지 같은 교실을 사용할 수 없다. 내년 1월이면 이 교실과도 이별이다. 3월이면 후배들이 사용하게 될 교실을 무리하게 혁신할 수는 없다. 더욱이 내년 3학년 학생들은 학급당 인원수도 늘어나 올해와 같은 교실 공간의 여유를 확보하기가 어려울 전망이다. 따라서 학생들의 바람을 정리하고 결정할 때 가역성을 고려하여 공간 혁신을 결정하도록 하였다.

세 번째로는 예산의 범위와 다수의 선택을 고려하였다. 학생들의 성향이 모두 같을 수 없기에 의견 갈등은 필연적이다. 그러한 갈등 상황에 대해 충분히 소통하고 합의를 이루도록 하며, 합의가 안되는 경우에는 최대한 많은 학생이 희망하는 안으로 결정되도록 노력하였다. 마지막으로 경험 및 사고의 확장을 돕기 위해 집들이처럼 반들이를 계획하였다. 학생들에게 우리 반이 아닌 다른 반은 함부로 들어갈 수 없는 성역과 같은 곳이다. 그러한 장소에 변화가 생겼는데 확인할 수 없다면 학생들로서는 답답할 것이다. 따라서 프로젝트를 마무리하면서 반들이를 계획하여 눈치 보지 않고 다른 반의 공간 혁신을 체험할 수 있는 기회를 제공함으로써 공간 혁신에 대한 생각과 경험을 넓히는 것으로 마무리하였다.

## 나. 수업 계획

| 가치 정하기 | ⇒ | 가치에 어울리는 공간 구상하기 | ⇒ | 공간 구성 아이디어 정하기 | ⇒ | 필요한 물품 정해 구입 하기 | ⇒ | 공간 재구성 하기 | ⇒ | 반들이 성찰 하기 |

| 프로젝트 주제 | 행복하고 머무르고 싶은 교실 만들기 | | 차시 | 기간 |
|---|---|---|---|---|
| 교과 및 단원 | 국어 | 8. 의견이 있어요 | 2 | 6. 18 ~7. 24 |
| | 미술 | 3. 조형 요소와 놀아요 | 4 | 총 8차시 |
| | 창체 | 자율활동(2) | 2 | |

| 차시 | 주요 학습 내용 및 활동 | 성취기준 | 관련 교과 (차시) |
|---|---|---|---|
| 1-3 | 프로젝트 도입<br>•가치 정하기<br>•주제 정하고 아이디어 그리기 | – 문단과 글의 중심 생각을 파악한다.<br>– 미술을 자신의 생활과 관련지을 수 있다. | 국어 (1/2)<br>미술 (1~2/4) |
| | •프로젝트 개요 안내하기<br>•바꾸고 싶은 우리 교실 주제 정하기<br>•주제에 어울리는 교실 공간 아이디어 그리기 | | |
| 4 | 자료 검색<br><br>•공통된 아이디어를 바탕으로 구현 가능한 디자인 및 구입 가능한 물품 찾아보기 | | 자율 (1/2) |
| 5 | 목록 정하기<br><br>•검색한 물품과 디자인 중에 학급에 적용할 것 정하기 | – 문단과 글의 중심 생각을 파악한다. | 국어 (2/2) |
| 6-7 | •교실 꾸미기<br><br>•구입한 물품을 활용하여 아이디어에 맞게 교실 꾸미기 | – 조형 요소의 특징을 탐색하고, 표현 의도에 적합하게 적용할 수 있다. | 미술 (3~4/4) |
| 8 | 반들이 & 보고서 작성하기<br><br>•우리 교실에 다른 학급 친구들 초청하기<br>•다른 학급의 공간 혁신 모습 비교하기<br>•공간 혁신 프로젝트 소감 정리하기 | | 자율 (2/2) |

### 다. 수업 전개 과정

**• 학급별 공간 혁신 주제 협의**

학급별로 배정된 예산 46만 원을 활용하여 공간 혁신을 꾸미기 위해 학급별 주제 협의를 실시하였다. 포스트잇에 학생들 각자가 원하는 학급의 이상적 모습과 핵심 가치를 적어 자신의 생각을 발표하였다. 나온 생각들은 비슷한 것끼리 유목화하고 전체 학생들의 의견 수렴을 거쳐 학급별로 공간 혁신 주제를 잡았다.

**• 주제 실현을 위한 아이디어 구상 및 결정**

학급별로 정해진 주제를 우리 교실에 어떻게 실현하면 좋을지 각자 그림을 그려 표현해 보았다. 텐트, 해먹, 매트, 그네 등 다양한 물품을 활용한 교실 공간 구성과 학생들의 책상, 사물함 등 교실 비품들의 배치까지 고려한 다양한 아이디어들을 구상도로 표현하여 각자 발표의 시간을 가진 후 전시하였다. 학생들은 다시 한 번 전시된 구상도를 살펴보며 마음에 드는 아이디어에 스티커를 붙이거나 포스트잇으로 표시하였다. 그렇게 많은 호응을 얻은 아이디어들을 모아서 교실 공간 구성에 반영하여 필요한 물품 목록을 정하였다.

**• 물품 선정**

공간 구성에 필요한 물품이 정해지면 우선순위를 정해 한정된 예산으로 구입 가능한지, 구입 가능하다면 가격 및 안전이나 내구성, 디자인 등을 고려하여 어떤 물품을 구입할지 결정하기 위해 컴퓨터실에서 다양한 물품들을 검색해 보았다. 검색한 자료들을 바탕으로 최종적으로 구입할 물품을 정해 구입하였다.

• 공간 혁신을 위한 준비

새로운 교실 공간을 만들려면 청소는 필수였다. 사물함이나 학습 준비물함 등 교실 내의 다양한 비품들을 옮기고 새로 구입하는 물품 놓을 자리 마련을 위해 교실 청소를 시작하였다. 학생들은 자신이 정한 주제로 자신의 의견이 반영된 교실 공간이기에 평소와 다르게 주인의식을 가지고 교실 청소에 자발적이면서도 적극적으로 참여하였다. 청소와 교실 비품의 이동 배치만으로도 교실이 달라진 느낌이었다.

• 공간 꾸미기

구입한 물품들이 모두 도착하고 나서 학급별로 배치하고 꾸미는 활동이 이루어졌다. 대체로 완제품이 아닌 조립품이었기에 학생들이 서로 조를 나누어 각자 맡은 물품들을 조립하였다. 조립된 물품들은 미리 마련해 둔 교실 공간에 배치하여 최종적으로 교실 공간 혁신을 완성하였다.

• 반들이

교실은 학생들에게 불가침의 영역이다. 1년 후면 떠나야 할 교실이지만 머무르고 있는 지금은 '우리 교실'이라는 인식이 강해 다른 반 학생들의 출입을 허락하지 않는다. 그러기에 다른 반에서 이루어진 공간 혁신 결과를 나누기 위해 반들이를 실시하였다. 학생들은 비슷한 듯하면서도 차이 나는 각 교실들을 돌아보며 공간 혁신을 확인하였고, 교실에 대한 애착과 자긍심이 더 고취되었다.

학생들은 우리가 생각한 주제에 맞게 교실이 꾸며져 교실 생활이 행복해졌으며, 중간놀이시간이나 점심시간 등에 편히 쉬거나 친구들과 즐겁게 지낼 수 있는 공간이 많아져서 좋았다고, 힘들었지만 내 아이디어가 반영되고 완성해서 변화된 교실을 보니 뿌듯했다고 평가하였다. 교사들은 공간 혁신에 지원되는 예산이 그리 크지 않아 학생들의 희망사항을 어느 정도까지 반영할 수 있을까 고민했지만 생각보다 많은 사항들이 반영된 교실 공간 혁신이 이루어져 행복해하는 학생들을 보는 것이 좋았다고 이야기한다.

특히, 아직 어리다고만 생각했던 학생들이 교사의 적절한 가이드만 제공되면 주도성을 발휘할 수 있는 측면을 발견하게 되어 유의미한 활동이었다는 점은 주목해야 할 부분이다. 학습자 주도의 프로젝트라고 하여 준비할 때는 걱정이 많았지만, 학생들이 아이디어를 활발하게 내고 자신의 공간이고 직접적으로 자신에게 영향을 준다는 목적성이 분명해서인지 능동적으로 참여하는 프로젝트가 되어 실제 운영은 매우 수월했다고 평가하였다.

## 민주주의를 체득하는 살아 있는 수업, 공간 혁신 프로젝트

위의 실천 사례에서 우리가 유의미하게 보아야 할 지점이 있다면 그것은 아이들의 생각을 반영하는 과정 자체에 있다. 친구들과 함께 협력하여 문제를 발견하고 해결하는 과정을 통해 자존감이 높아질 뿐 아니라 도전의식과 성공감을 맛보게 된다. 자신이 처한 환경을 관찰하고 문제를 발견하며 그것을 해결하는 경험이야말로 민주주의를 학습하고 경험하며 실천을 이끌어 내는 살아 있는 교육이다.

아이들은 공간 혁신 프로젝트 학습을 통해 단순히 교실 공간을 바꾸는 것에 머무는 것이 아니라 삶 속의 다양한 문제들을 낯설게 바라보고 새롭게 개선할 수 있는 민주시민의식을 배우게 된다. 주어진 환경의 문제점을 비판적으로 바라보고 함께 협력하여 좀 더 나은 삶의 공간을 실현해 가는 경험은 수동적이고 침묵하는 배움에 지친 이 시대 아이들에게 배움이 삶으로 실현되는 놀라운 성공 경험으로 남게 될 것이다.

또한 '공간 혁신' 하면 예산과 시설의 한계를 먼저 이야기하는데, 이 부분에서 현장의 교사들에게 유의미한 메시지를 던져 준다. 현재 주어진 최소한의 예산으로 아이들의 의견을 담아 좀 더 나은 민주적 공간을 구현해 나가는 것이야말로 지금 우리가 할 수 있는 일이다.

공간 혁신 프로젝트 수업 사례가 주는 또 다른 의미는 민주시민교육이 일회성 행사나 특정 교과 수업을 넘어서 일상적으로 실천될 수 있는 희망을 보여 준다는 점이다. 교사들이 개발한 프로젝트 수업의 흐름을 성취기준과 의미 있게 연결시켜 줌으로써 파편화, 분절화된 교과 중심 교육 장벽을 넘어 배움이 삶 속에서 통합적으로 일어나게 한다. 공간 혁신 프로젝트 수업 속에서 아이들이 보여 주는 수업에 대한 흥미와 몰입, 협력과 자신감 등의 정의적 효과는 어쩌면 당연한 결과이다.

운산초에서 실천한 프로젝트 수업의 마지막 가치는 이 수업이 어느 한 교사의 주도에 의해 부분적으로 일어난 실천이 아닌 학교 단위 학습공동체 활동을 통해 6개 학년 모두가 공동으로 교육과 정을 만들어 내고 공동으로 실천했다는 집단지성의 힘에 있다. 전 교원이 학습하고 실천하는 공동체가 되어 아이들의 문제를 고민하 고 학교에서 좀 더 나은 삶을 살 수 있도록 교육과정 속에 담아내 는 과정은 그 자체로 민주적인 마음의 연습을 하는 일이다. 또한 학습공동체를 넘어 교사가 어떤 존재이고 어떻게 존재해야 하는가 에 대한 물음과 답을 동시에 준다.

　이 시대 학교현장에 몸담고 있는 우리가 다 함께 아이들이 처한 어려움과 요구에 관심을 가지고 실천해 낸다면 이것이야말로 혁신 이고 개혁이다.

　특히 전국의 많은 학교에서 공간을 새롭게 구성해 가는 유의미 한 실천 사례가 쏟아지고 있고, 교육청과 국가단위의 예산 지원도 넘치고 있다.

　일상적 교육과정과 아이들이 처한 현실의 문제를 연결하여 우리 모두가 조금씩만 생각을 함께 모으고 품을 낸다면 아이들의 마음 에 민주적 공간이란 글자가 아름답게 새겨짐과 더불어 민주주의 가 무엇이며 어떻게 해야 하는가에 대한 질문이 함께 자라게 될 것이다.

# 4장
## 공간의 개방과 공유의 시대로 나아가다

이정선

● 내 어릴 적 학교는

　나의 어린 시절 고향은 마을 사람들, 친구들이 모두 함께 어울려 놀던 공간이 있었다. 그곳은 마을에서 유일하게 넓은 공간이자 함께 어울리는 화합의 공간이었다. 추억의 공간으로 기억되는 그곳은 내가 다녔던 시골의 조그마한 초등학교이다.

　학교에는 아이들이 수업을 마치고 집에 돌아간 늦은 오후나 저녁이 되면 낮과는 또 다른 그림이 펼쳐졌다. 나보다 훨씬 키 크고 어른인 동네 언니, 오빠들, 그리고 어린아이들과 어른들이 함께 어울리면서 학교에 생기가 넘쳤다. 낮에 학교에서 정한 일련의 활동들을 따랐던 것과는 다르게 방과 후의 학교는 자유롭고 평화로운 새로운 공간으로 탈바꿈했다. 늦은 나이에 자전거를 배우는 마을 사람들, 시소와 놀이터에서 노는 마을 어른들과 어린아이들, 운동장을 뛰는 사람들로 다채로워진다. 이곳저곳에서 옹기종기 모여 공기, 구슬치기, 비석치기를 하는 아이들은 자신보다 나이 많은 선배들에게 놀이 기술을 배우며 논다.

학교는 밤이 되면 또 다른 휴식의 공간으로 바뀌었다. 마을 사람들은 여기저기 모여 수다를 떨었다. 나는 동네 언니들, 친구들과 구령대 위에 누워서 밤하늘의 별과 아름다운 은하수를 보며 이런저런 얘기를 나눴고 밤은 깊어 갔다. 마을 추수 기간에는 동네 벼를 베러 학생들이 학교 밖으로 나갔고, 그 대가로 우리는 껌 하나를 얻어먹었다. 내 어린 시절 추억 속의 학교 공간에는 마을 사람들과 함께했던 시간들이 있었다. 마을은 평화롭고, 안전하고, 포근하고, 행복했다. 나는 이곳에서 마을의 돌봄에 감사하며 자랐다.

내가 어른이 되어 도시로 나왔을 때, 이젠 학생 수가 적어 폐교가 된다는 소식을 들었다. 많이 서운했지만 한편으로는 '아, 그 공간을 휴식, 놀이, 운동 그리고 문화가 있는 마을공동체의 공간으로 함께 바꾸면 참 좋겠다'는 생각이 들었다.

지금의 학교는 과거의 공간처럼 작동하는가? 경기도교육청의 마을교육공동체, 꿈의학교, 꿈의대학, 방과후학교, 돌봄교실, 학부모교실, 학교공간혁신 사업 등은 학교가 진정한 개방과 공유의 시대로 나아가는지 살펴볼 지점이 분명히 있다. 이 장에서는 우리나라 및 해외의 학교 공간 개방 사례를 통해 공간의 개방과 공유는 학교가 민주시민을 길러 내는 데 어떠한 의미를 지니는지 살펴볼 것이다.

학교라는 공간이 열려 있다는 것은 물리적 개방과 더불어 심리적 개방 그 이상의 힘을 갖는다. 공간의 개방성은 인간 활동의 존재 방식과 관련한 생활공간으로서 작용할 뿐만 아니라 정의적情意的

가치와 결부된 의미 공간으로서 기능할 수 있게 한다. 이러한 개방의 의미를 지닌 학교는 민주적 담론 형성의 장이자 민주시민을 길러 내는 민주주의의 정원이 될 수 있을 것이다.

## ● 개방과 공유의 공간은 어떻게 만들까

우리는 학교 문을 걸어 잠그기에 급급했어요. 밤늦게 학교에 누가 찾아오면 달갑지 않았고, 체육관 등의 시설을 대여해 달라고 하면 부담이 되었죠. 학교 시설을 공유해야 한다는 것은 알지만 개방했을 때 생기는 현실적인 크고 작은 문제들이 머리 아팠죠. 운동장에 버리고 가는 담배꽁초, 술병 등의 쓰레기, 기물 파손, 여름에 체육관에서 가동하는 에어컨의 전기료, 아이들의 안전 문제 등은 학교에 부담을 주었어요.

백성초등학교의 면담 사례는 현재 대부분의 학교들이 학교를 개방할 때 겪는 어려움이기도 하다. 학교 관리자는 학교를 개방할 때 생기는 각종 책임에서 자유로울 수 없다. 또한 행정실 직원, 교사들을 설득해야 하는 상황에 놓일 때도 있다. 그리고 학교를 사용하는 학부모, 마을 주민 등과도 소통해야 한다. 물리적 공간 제공과 더불어 교육공동체의 공감대 형성, 학생들의 안전 문제, 각종 시설의 관리와 유지보수비 등의 재정적인 부분까지 고려해야 하는 어려움이 있다.

그럼에도 불구하고 학교 공간을 개방하기 위해 다양한 노력을 하고 있는 학교들이 있다. 학교 배드민턴장 이용 신청을 한 주민에게 밤에 빌려주거나 운동장을 새벽에 축구장으로 빌려준다. 그런데 이런 단순한 시설 개방과는 달리 마을과 함께 공간을 만들고 사용하는 곳도 있고, 마을과 학교의 경계인 울타리를 허무는 곳도 있다. 도서관을 마을 주민에게 개방하는 곳, 마을과 함께 학교 교육활동을 협의하고 마을에서 강사를 구하기도 하는 곳도 있다. 이처럼 학교를 마을에 개방하는 사례는 점점 늘어나고 있고, 그 방법도 다양하다.

우리나라의 장곡중학교와 고현초등학교, 해외의 핀란드 셀로 Sello 도서관 사례를 통해 학교와 마을의 공간이 어떻게 상생하고 일상의 민주주의를 경험하며 실천하고 있는지 살펴보자.

먼저 장곡중학교로 떠나 보자.

학교장은 면담 중 "공간의 문제든, 조직의 민주성 문제든, 리더십 문제든, 다 따로 있는 것이 아니라 결합되어 있어요. 씨줄과 날줄이 엮여 있는 데서 나온 것 같아요"라고 말했다. 이는 우리가 학교 공간의 개방에서 무엇을 고민해야 할지를 잘 보여 준다.

학교 울타리에 붙은 목공반 모집 현수막을 보면서 '아, 학교 안에 목공소가 있고, 그 공간에서 마을 주민들도 목공 활동을 하는구나.' 하는 생각이 들었다. 학교에 들어서자 담쟁이들이 건물을 타고 뒤덮인 모습이 참 포근하고 운치가 있었다. 삭막한 학교 건물이 아니라 멋스러움과 고풍스러움이 느껴져서 좋았다.

곧 따뜻한 미소로 반겨 주시는 교장 선생님을 만났는데, 교장실이 특이했다. 작은 방의 창가 쪽에는 원목무늬의 조그만 책상, 작고 낮은 테이블, 낮은 책꽂이가 있고, 슬라이딩도어로 공간을 분리하여 나머지 공간에는 원목으로 만든 큰 탁자 두 개를 붙여 만든 네모난 회의 공간이 있었다. 이 탁자는 학교 목공실에서 학생들이 만든 것이라고 했다. 이 공간을 슬라이딩도어로 분리하여 학생회의, 교사회의, 마을회의 등의 회의 공간으로 사용한다. 이러한 의견을 낸 것도 학생들이라고 한다.

디자인과 설계, 물건 하나하나 학생들이 손수 만들었고, 도움이 필요한 일부 디자인과 설계는 마을 청년들에게 배우는 과정을 통해 1년이 넘게 걸려 완성했다고 한다. 그리고 참여했던 학생들 가운데 몇 명은 설계나 디자인의 꿈을 갖게 되었고, 소극적이었던 학생들은 이런 활동 속에서 적극적인 학생으로 성장하는 경험도 했다고 한다.

지금의 교장실은 택배보관함으로 쓰던 작은 창고였다고 한다. 원래 있던 교장실은 책이 있는 카페 공간으로 바꿔 활용하고 있었다. 학생들이 학생 휴게실을 만들어 달라고 한 것이 계기가 되어 공간의 변화가 생긴 것이라고 한다. 학교 공간이 부족하여 고민하던 차에 넓은 교장실을 내주게 된 것이다. 학생들이 모여 어떤 공간으로, 어떻게 만들지를 1년 동안 협의했다고 한다. 또한 마을 주민이면 누구나 이용할 수 있다고 한다.

이렇게 만들어진 학생 휴게실(카페) 앞 복도는 매점으로 꾸며져 있었다. 매점에서 사용하는 탁자도 학생들이 목공실에서 만들었다고 한다. 매점은 학생들의 요구로 학부모와 함께 협동조합 방식으로 운영한다.

"협동조합의 철학과 운영 원리를 학생들이 내재화해 가는 것이 협동조합을 만든 가장 근본적인 이유가 되어야 한다. 그리고 그것을 내재화할 때 비로소 협동조합의 가치를 알고 운영할 수 있다"라고 강조했다.

교사, 학생, 학부모 동아리 세 개를 만들어 공부하면서 약 14개월 정도를 운영한 후 협동조합을 만들었다고 한다. 마을 주민이 매니저가 되어 유급으로 운영하고, 운영위원의 절반은 학생이다. 품목도 학생들이 정하고, 공간 구성이나 소품 등도 학생들의 생각을 모아서 꾸미고 만든다. 그래서 이곳은 학생들이 학교에서 제일 좋아하는 공간 중 한 곳이 되었다고 한다.

이런 공간이 가능하게 된 것은 교장 선생님의 흔쾌한 양보와 권위를 내세우지 않는 열린 마음 때문이지 않았을까. 이는 공간에 대한 생각의 전환이 필요하다는 일깨움을 준다.

마을에 개방한 또 다른 장소는 목공실이다. 목공실은 나무를 자르는 기계가 있는 방과 목공 작업을 하는 방으로 분리되어 있었다. 대부분의 학교가 목공을 하는 곳은 있어도 직접 나무를 자르는 기계가 있는 곳은 드물다. 기계까지 설치하여 목공을 한다는 것은 '위험'이라는 단어에 구속되지 않았던 교장 선생님 덕분이었으리라. 그리고 이 목공소에 상주하며 관리하는 목공 전문 강사 덕분이었으리라.

마을과 함께하는 목공교실　　　　학생들이 만들어 가는 중인 카페 공간

협동조합 매점　　　　　　　학생들이 만든 매점 운영 규칙

　목공실은 일과 중에는 주로 기술 수업 시간에 목공을 배우는 곳
으로 활용한다. 경우에 따라서는 이웃에 있는 다른 학교 학생들에
게 개방하기도 한다. 방과 후에는 목공 동아리 학생들이 전문 강사
와 함께하고, 저녁에는 마을 주민 목공 동아리에서 사용한다. 탁자
와 의자를 만들어 학교 카페에 기증하기도 한다. 토요일에는 자녀
와 학부모가 함께 목공에 대한 얘기를 나누며 협력하여 다양한 소
품들을 만든다. 서로를 이해하고 공감하는 따뜻한 공간으로 재탄
생하는 것이다. 또한 밖에서 바로 출입하기 좋도록 문까지 따로 낸
열린 공간이 되는 것이다.

목공소를 둘러보면서 머릿속에 목공의 처음과 끝이 그려졌다. 나무를 자르는 기계 앞에 선 긴장한 아이들의 모습이 떠올랐다. 서툰 과정을 이겨 내고 작품을 완성하고서 뿌듯해하는 아이들의 환희도 느껴졌다. 물론 어른들이 우려하고 걱정하는 사고는 한 번도 일어나지 않았다고 한다. 예측 가능한 위험은 사전에 교육하고 조치한 덕분이리라. 아이는 어른의 믿음만큼 성장한다는 것을 다시 한 번 깨닫게 되었다.

이러한 공간이 가능했던 데에는 시흥시의 전액 예산 지원이 있었다. 리모델링을 통한 작업장과 최신 목공 기계 등의 장비, 마을에 상주하는 전문가, 강사비 등을 시흥시에서 전액 지원하였다. 덕분에 학생과 마을 주민은 재료비 등의 저렴한 비용만 지불하고 수강할 수 있었다. 지자체와 마을과 학교가 함께해서 이루어 낸 값진 결과이다. 목공을 경험했던 학생이 다시 그 마을 안에 살고, 학교 목공소에서 다시 누군가와 신나는 작품을 만드는 즐거운 상상을 해 본다.

카페나 목공소를 지역 주민에게 개방했을 때 우려되는 문제점도

전문 교사의 지도 아래 전문 장비를 사용

직접 재단까지 하는 전문 장비

학생과 주민이 함께 사용하는 목공실　주민 사용 편의를 위해 따로 만든 출입문

많다. 학생들이 있는 공간에 어른들이 수시로 드나들 때 학생들에게 무슨 일이 생기지 않을까 안전이 걱정되기도 하고, 수업에 방해를 주지는 않을까 염려되기도 한다. 또한 시설 관리하는 담당자의 수고로움이 더하지 않을까 걱정되고, 방과후활동이나 주민이 활용하는 것을 관리하는 담당 교사가 있어야 하지 않을까 하는 생각도 든다. 그리고 이렇게 조금씩 공간을 개방하다가 나중에는 너무 많은 것을 이용하려고 하지는 않을까 미리 걱정하는 교사들도 있다. 이러한 우려되는 측면들이 있기는 하지만 이제는 학교의 역할도 변해 가고 있으며, 지역 주민과 함께 마을교육공동체의 중심 역할도 해야 하고, 더 나아가 앞으로는 평생교육 공간으로서의 역할도 생각해 봐야 하는 시대가 온 것으로 본다. 물론 마을의 공간도 학교에 개방하고, 마을 주민이 학교와 함께하는 움직임도 활발해지고 있다.

　　장곡중학교도 수업 시간에 마을로 나가 마을을 활용한 수업을 한다. 학생들은 학교 안에만 머물지 않고 마을을 다니면서 벽화를 그리거나 불법 주차한 차량에는 불법 주차 스티커를 붙이기도 한다. 스티커에는 자신의 학번, 이름을 적는다고 한다.

마을 축제를 주민들과 함께 기획하여 열기도 한다. 축제 장소에 대한 이견이 있을 때는 어른들을 설득하며 협상하는 과정을 통해서 문제를 해결한다. 여기에는 어른들이 원하는 공간이 아닌 모두가 원하는 공간으로 만드는 소통의 과정이 있다.

마을과 학교가 어떻게 상생의 그림을 그려 가나요?
서로 양보하고 나누는 과정을 통해 공간이 공유되는 가
치가 커 가는 것이 아닐까요?

그들은 마을에 학교를 개방한다는 것은 "학교와 마을이 무엇인가를 같이 도모하는 것이다. 마을과 함께 교육적인 문제, 마을의 지속가능성 문제 등을 다 같이 협의해 가는 것, 사업과 공간 모두를 개방하는 것이다"라고 말한다.

장곡중학교의 앞으로의 계획은 1층에 있는 교장실, 행정실 등의 공간을 건물의 뒤쪽으로 옮기고, 1층 공간을 다 터서 북 카페 식으로 만드는 것이다. 그러면 계단을 오를 필요도 없이 누구나 편하게 사용할 수 있는 개방된 공간이 될 수 있다고 한다. 또 하나는 학생들이 원하는 식당을 만들기 위한 준비를 하고 있다고 한다. 학생과 마을이 함께 협의하여 아늑하고 편안한 분위기 속에서 밥을 먹을 수 있는 공간을 꿈꾸고 있었다.

마을의 자원을 모아 마을이 책임지는 다양한 방과후학교 수업도 구상 중이었다. 이는 마을의 일자리를 창출하는 효과도 갖고 있다. 시흥시는 예산을 지원하고, 학교는 마을의 자원을 찾아 교육과정을 운영하는 데 활용한다. 서로 원원win-win하는 하나의 교육공동체가 되는 것이다. 마을과 함께하는 이러한 시도는 이미 여러 해 전부터 시작되었다. 그 시작은 마을과 함께하는 축제였다고 한다. 축제준비위원회는 마을 전체로 구성된다. 중2 학생들이 기획에 참여하면서 마을 어른들과 자연스럽게 협력하게 되었고, 이것이 시흥시 전 구역으로 확대되었다고 한다.

장곡교육자치회를 만들어 마을의 교육자원 등을 집결하여 학교와 나눌 수 있도록 추진하고 있습니다. 마을과 소통하기 위해 마을 신문을 복간하여 학교 소식을 알리고, 이것이 알려져 이웃 중고등학교들도 참여하게 되었습니다. 학교가 무엇을 하는지, 마을에서 무엇을 도와줄 수 있는지 고민하는 계기가 되었고, 결국 마을과 소통하는 데 중요한 역할을 마을 신문이 하게 되었습니다.

공간 개방이나 혁신은 관리자 혼자 추진하는 것이 아니라 함께하는 데 의미가 있다.

우리 학교는 구성원들이 합의가 되어 있죠. 마을과 함께 쓴다는 것, 공간이 있으면 공간 혁신을 한다는 것, 이런 것들은 확실히 합의가 되어 있죠.

인위적으로 만들어진 것이 아니라 필요에 의해서 만들어
진 거죠.


교육에 가치를 두고 뭔가를 해 볼 만한 사람이 마을에 있어야
한다. 학교에 카운트 파트너가 있어야 한다. 공동체가 같이 얘기하
고, 같이 변화를 모색해야 하는데 장곡에는 그런 사람들이 있었다.
학생들이 마을과 함께 배우는 경험을 갖고 성장하고, 어른이 되
어서 다시 학교와 함께 나누는 과정이 필요하지 않을까. 마을에
남아 있는 것이 패배자로 보이지 않는 사회, 협력을 배우고 지역
속에서 살아가는 것 또한 멋진 삶이라는 것을 믿어 주는 사회가
되기를 염원해 본다. 그리고 함께 협의하고 논의하면서 새로운 학
교를 만들어 가는 모습이 공간을 통한 학교자치의 실현이 아닌지,
또 민주시민으로서의 역량을 기르는 것이 아닌지 싶다.
학교를 나오다가 한 학생에게 인터뷰를 청해 봤다. 그 학생은 인
근 지역에 사는데 일부러 이 학교를 찾아왔다고 한다. 그 이유는,
미래는 협력을 중시하는데 그것을 이곳에서 하고 있어서라고 했다.
구체적인 이유를 묻자 모둠학습, 프로젝트 수업 등을 얘기했다. 가
장 기억나는 프로젝트로는 모둠끼리 영화를 직접 만든 것이라고
한다. 힘들었지만 작품이 나왔을 때 보람을 느꼈다고 한다. 또 다
른 학생에게는 학교 시설 중에 제일 좋아하는 공간이 어디냐고 물
었다.


당연히 매점이긴 한데… 매점이 아무거나 먹을 수 있어서

좋은 것이 아니라, 교장 선생님께서 교장실을 비워서 만들어 주신 거잖아요. 학생을 위해서 엄청 넓었던 교장실을 양보하셨죠. 교장 선생님께서 학생을 위하는 마음이 매점을 갈 때마다 생각이 나요. 교장 선생님께 감사하고, 선생님들께도 감사해요. 학생을 위해 휴식 공간을 만들어 주신 거잖아요. 그게 가장 인상적이에요.

이런 답변을 하다니 웃음이 저절로 나왔다. 그 밖에도 마을축제 기획에 학생들이 참여하는 이야기며, 각종 행사에 참여하여 수익금을 기부했던 이야기 등 매우 신나는 학교생활을 하고 있다며, 장곡중학교 자랑을 거침없이 줄줄 하는 모습을 보면서 나의 마음 또한 행복해졌다.

다음 인터뷰는 마을과 학교가 함께 이용하는 '시민개방형 도서관'이 잘되어 있는 오산 고현초등학교이다.

꿈키움 도서관을 찾아가서 교감 선생님을 만났다. 꿈키움 도서관은 주민의 요구로 지자체에서 정책적으로 만들어서 들어왔다고 한다. 지자체, 교육지원청, 학교가 함께 도서관 건립을 추진한 것이다. 그렇게 하여 시설이 먼저 들어선 경우이다. 그러다 보니 학생이나 학부모 및 교사의 의견이 모여서 공간이 설계된 것이 아니라 각 기관의 관련자가 중심이 되어 만들어지게 되었다.

초창기에 도서관을 마을 주민과 함께 사용한다는 것이 기존의 학교문화에서는 굉장히 어려웠다고 한다. 안전 등의 이유로 학교를 개방하는 것에 반대하는 이들도 있었다고 한다. 그래서 안전을 담당하는 청원경찰도 오게 했고, 함께 이용하는 도서관을 만들기 위해 어떤 도서관을 만들고 싶은지 마을 주민과 함께 도서관 철학 세우기를 했다고 한다.

지금까지 대부분의 학교 도서관은 학생들에게만 개방하고 학교에서만 이용하는 형태였고, 지역 주민에게 개방하더라도 일부 학부모만 참여하는 형태가 대부분이고, 학부모의 도서관 도우미 활동 정도에 머물러 있는 것 같다. 그런 상황에서 도서관이 만들어지고 마을에 함께 사용하라고 했을 때 어디서부터 어떻게, 어떤 방법으로 함께 운영하고 사용할지, 무엇을 할지가 쉽지 않다.

정책적으로 도서관이 만들어지다 보니 왜 여기에 도서관이 생겼는지 도서관의 정체성이나 개방성에 대한 논의가 없었다. 그래서 공동체가 모여 철학을 공유할 필요성을 느꼈다고 한다. 첫 번째는 안전한 공간, 두 번째는 방처럼 신발을 벗고 맨발로 다니면서 책과 함께 노니는 공간이자 책에 대한 좋은 정서를 갖게 하는 공간, 세 번째는 육아도 같이 할 수 있는 육아 공간이 되어야 한다는 철학을 도출했다.

이를 위해 이용 시간을 8시부터 22시까지로 연장했다. 사람들이 여기 와서 책도 읽고, 이야기도 하고, 문제를 해결하는 회의도 하는 다양한 공간으로 활용하기를 바랐다. 그러다 보니 교사가 도서관 운영을 모두 담당할 수는 없었다. 그래서 시민이 운영하는 도서관을 추진하여, 학교 사서가 주로 운영하는 부분과 지자체에서 담당하는 영역으로 나누어 운영하고 있었다. 학부모, 마을 지역 주민, 마을 교사 등의 리더가 없이 시작하게 되어 어려움도 겪었다고 한다. 앞으로 시민이 주체가 되는 도서관의 씨앗을 뿌리기 위해 책 놀이 교사 과정의 운영, 부모와 자녀가 함께할 수 있는 보드게임, 아빠놀이학교 등을 준비하고 있다고 한다.

도서관 운영을 위해 학교와 지역 주민들이 함께 고민하는 과정에 얼마나 많은 수고가 있었을지 짐작이 간다. 가장 이상적인 것은 학교와 지역 주민이 스스로 필요한 것을 느끼고, 그 속에서 어떤 공간이 필요한지, 어떤 식으로 운영할지를 결정한 후, 교육 주체들의 요구에 의해서 만들어지는 도서관이리라. 요즘은 여러 지역에서 이렇게 만들어지는 소규모 도서관들이 생겨나고 있다. 다른 지역에서도 그때그때 필요한 프로그램을 운영하여 함께 독서하고 성장하는 모습들을 볼 수 있다.

그 밖에도 이 학교는 학교 공간을 재구성하기 위해 학교 숲을 꾸미고, 계단에 책 표지 그림 벽화를 만드는 등의 노력을 하였다. 교실 세 개를 합쳐서 토론을 할 수 있는 '톡톡 사랑방', 중앙현관에 아이들이 놀고 얘기 나눌 수 있는 카페 공간, 대청마루에 누워 하늘도 보고 책도 읽을 수 있는 공간, 텐트를 치고 놀 수 있는 공간 등을 구상하고 있다.

'시민개방도서관, 너는 누구냐'는 질문에 함께 고민하는 이들이 있었다. 공동체 안에서 아이들이 어떻게 성장할 것인지, 공동체의 공간은 어떻게 만들어 갈 것인지에 대해 함께 고민하는 이들이 있었다. 이들은 소통 과정에서 각자의 색깔을 드러내 함께 고민하고

학생들이 선정한 도서로 꾸민 복도 계단 벽　교육공동체가 함께 대화할 수 있는 넓은
사랑방

학생과 주민이 함께 사용하는 도서관　편하게 사용할 수 있는 다양한 공간 구성

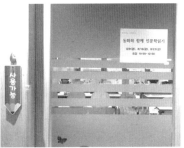

어린아이도 데려올 수 있는 도서관　다양한 독서모임 활동과 공간

철학을 세워 갔다. 이로 인해 하나의 문화가 형성되었고, 지속가능한 교육 생태계를 만들어 가고 있다.

아이들의 삶의 문제가 도서관을 통해서 더 나아질 수 있고, 새로운 도서관이 아이들을 행복하게 만들고, 마을을 행복하게 만들고, 새로운 마을교육공동체를 만드는 것이다.

등하교 시 안전 문제를 해결하기 위해 엄마들이 하나둘씩 교통봉사를 시작하면서 자연스럽게 학교와 소통을 하게 되었다. 학부모들은 학교와 문제를 해결하는 과정을 통해 서로를 신뢰하게 되었으며, 도서관이 새로 생겼을 때도 적극적으로 의견을 반영했다고 한다. 지금은 학교 사서와 오산 중앙도서관(시청)을 중심으로 도서관이 운영되고 있는데, 학교는 궁극적으로 마을 주민과 함께 운영하는 도서관으로 변신하기를 목표로 하고 있다.

또한 풀뿌리 교육자치 프로젝트(교육부)와 연계되어 교육부와 지자체의 지원을 받고 있다. 학교가 미래형 학교로 변하려면 교사의 관심은 물론이고 지자체의 관심도 중요하다. 오산시 지자체는 다른 시와 다르게 많은 지원을 하고 있지만 도서관을 행정적으로 접근하려는 아쉬움이 있다. 마을 자체가 교육공동체가 될 수 있도록 해야 하고, 학부모 중심의 마을활동가를 양성할 필요가 있다. 기업, 마을 어른들, 교육에 관심이 있는 이들이 시간과 돈과 노력을 쪼갤 수 있으면 좋겠다. 또 이 도서관에서 깨어 있는 시민들이 풀뿌리 교육 시스템이 되어 씨를 뿌리고 성장하기를 바란다. 지금도 열심히 활동하는 학부모회와 마을 책교사, 그리고 학교 선생님들을 응원한다.

고현초등학교 교사학습공동체는 4개가 있다. 온작품읽기연구회, 조화로운 삶을 가꾸는 놀이연구회, 영상연구회, 교육놀이연구회이다. 서촌에 가서 마을교육공동체에 대해 공부하고, 서촌이라는 마을이 어떻게 재생되어 가는지를 배운다. 대림미술관에 가서 왜 젊은이들이 여기로 모여드는지, 미술관이 어떻게 바뀌어야 젊은이들이 줄을 서서 찾는 공간이 되는지 등 나 혼자가 아니라 다양한 마을을 찾아가서 같이 배운다. 이러한 배움의 과정을 통해 학교 생태계를 만든다는 것은 수영장에 물이 가득 채워질 때처럼 많은 고민과 노력이 축적되어야 한다는 것을 깨달았다고 한다. 고현초등학교는 '나무를 심는 사람'처럼 함께 씨를 뿌리며, 가꾸는 과정이 중요하다는 것을 아는 학교였다.

그 밖에도 학교 전체를 놀이 공간으로 구성하려고 학교 놀이 숲을 계획하고 있었다. 그 공간 구성은 놀이공동체에서 학생들이 중심이 되어 추진한다고 한다. 학생과 교사, 그리고 마을 주민이 도서관이나 숲에서 함께 책을 읽고 독서 나눔 활동을 하며, 놀이 공간에서는 공동체에서 만든 놀이를 한다. 마을이 살아 숨을 쉬고, 활기가 넘친다. 학교가 중심이 되어 그 역할을 한다. 상상만으로도 설렌다.

다음은 학교와 마을에 도서관을 개방하는 핀란드의 사례를 통해 도서관이 공간 개방에서 어떠한 의미를 지니는지 살펴보자.

핀란드 헬싱키 에스토시에 있는 셀로 도서관을 방문했을 때 인상적이었던 것은 이 도서관이 그 지역의 학교와 주민의 여러 독서 관련 활동을 거의 주도하고 있고, 독서 활동뿐만 아니라 취미 활동도 할 수 있는 시설인 데다가 간단한 민원을 처리할 수 있는 이동 주민 센터도 있는 것이었다. 그 지역 주민의 다양한 활동을 그 도서관에서 거의 다 할 수 있는 마을 교육의 중심 역할을 하고 있었다. 우리나라에서는 일반적으로 학교에서 학생들을 위한 독서 활동을 학교 도서관 사서나 교사들이 중심이 되어 하는 경우가 많고, 가끔은 지역의 도서관과 연계하여 도서관이 학교로 찾아오는 독서 연계 프로그램을 운영하기도 한다. 핀란드에서는 학교가 아닌 도서관에서 독서 관련 행사를 다양하게 하고 있었고, 셀로 도서관의 경우는 학생과 학부모 또는 학교로 찾아가는 독서 행사 등을 담당하는 사서가 100여 명이나 있어서 놀라웠다.

0~6세의 미취학 아동과 가족 대상으로 독서 프로그램을 운영하기도 하고, 3D 프린트와 테크놀로지 활동도 한다. 유치원이나 유아원을 방문하여 책을 읽어 주거나 책 읽는 방법을 교사들에게 알려 주고 오기도 하고, 학교와 도서관 연계 활동으로 학교를 찾아가 학생들에게 책의 일부 스토리를 소개하기도 한다. 또한 도서관을 지역 주민에게 다른 활동을 하는 장소로 빌려주기도 한다. 특이한 점은 학교에는 사서가 없다는 것이었다. 학교 가까운 곳에 도서관이 있고, 학교는 도서관으로 현장 견학을 오고, 도서관 프로그램에 참여한다고 한다. 도서관을 학교와 지역에 개방한다는 얘기를 들으면서 처음에는 이것이 학교 도서관에서 하는 독서 활동보다 더 효과적일까 싶었는데, 얘기를 듣다 보니 교사가 학교에서 학생들의

독서 활동까지 모두 담당하느라 벅찬 우리나라의 경우보다 장점이 있을 것 같았다. 그리고 학생들만이 아닌 지역 주민을 대상으로도 활발한 독서 관련 활동을 하고, 외국어 공부나 문화체험 공간 제공, 마을과 병원 등으로 찾아가는 도서관 운영 등을 하는 것을 보면서, 우리나라의 지역에 있는 도서관들도 이처럼 지역의 중심 역할을 하면서 지역 주민들이 활발히 오고 가는 공간으로 적극 개방되면 얼마나 좋을까 하는 생각을 했다. 학교를 마을에 개방하자는 얘기가 많이 나오고 있고 실제로 개방하는 학교가 늘어 가고 있는데, 이제는 학교만이 아니라 지역의 공간도 학교에 개방하고, 교육 주체와 지자체가 함께 소통하고 협의하며 서로의 공간을 열어 두는 적극적인 시도들이 있기를 기대한다.

## ● 학교 공간 개방의 방향을 고민하다

요즘은 학교의 신축이나 증축, 개축 부지 내에 문화, 체육, 복지 등 주민생활에 필요한 시설을 복합적·입체적으로 설치, 운영하는 곳이 많이 생기고 있다. 학생에게는 보다 향상된 교육환경을 제공하고 지역 주민에게는 삶의 질 향상 및 평생교육의 장을 제공하는 학교시설 복합화이다. 이제 학교는 교수·학습을 위한 공간으로서의 본질적 기능 외에 지역사회 공동체의 구심점이자 평생교육의 장으로서 새로운 역할 수행을 요구받고 있다.

학교시설 복합화 사업은 서울, 경기, 부산, 대구, 대전, 경남에서 총 100여 개의 학교를 중심으로 추진되었다. 사업에 반영된 복합시설의 유형이나 사업비 분담 방식, 복합시설의 소유 및 관리, 운영권보유 주체에서는 각기 차이가 있지만 지방자치단체와 지역 교육지원청이 지속적으로 추진하고 있다. 이제는 여기에 학교와 마을 주민이 기획 단계부터 함께 참여하여 지역이 원하는 복합시설을 만들어 가야 한다. 그리고 단순히 지자체와 지역 교육지원청이 만들어 놓고, 학교나 지역 주민이 사용하라는 방식이 아니라, 그 시설을 이용하는 주체들이 만나야 한다. 우리에게 필요한 공간이 어떤 것인지, 어떻게 운영하는 것이 좋은지를 머리를 맞대고 함께 고민해야 한다. 그래야 어느 한쪽에서 일방적으로 사용하는 공간이 아닌 서로 원활히 협력하여 사용하는 공간이 될 수 있다. 학교는 부족한 교육 공간을 확보할 수 있고, 주민들은 문화센터 이외의 공간으로 활용할 수 있다. 학교시설 복합화 사업 추진에 있어 참여주체들 간 협의 체계 구축 및 업무 매뉴얼 수립 등이 제대로 만들어져야 할 시점이다. 또한 각 주체의 인식과 요구를 파악하고 조정하는 작업이 면밀히 수행되어야 한다.

학교시설 복합화의 대표적 사례로, 학교와 시청에서 운영하는 복합문화센터가 학교 내에 조성되어 활용되고 있는 동탄중앙초등학교의 '이음터'가 있다. 그런데 주민들이 그 공간을 차지하고 있어서 학교 수업 공간의 대체 공간으로 활용하기에는 활용도가 떨어진다고 한다. 그래서 학생들이 사용할 수 있는 공간의 확보가 필요하다고 호소하기도 한다.

그 밖에도 학교가 지역사회와도 소통하는 열린 공간으로 거듭나고 있는 곳으로, 충남 보성초등학교가 있다. 이 학교는 주변 녹지가 아이들의 마당과 등굣길이 되도록 개선했으며, 강당은 공공시설과 연계하여 지역 주민들의 커뮤니티 공간으로 활용되고 있다. 체육관과 시청각실 등의 개방 영역에 대해서는 지역 주민과 소통하며, 학생들의 자립과 직업훈련을 통해 사회의 일원으로 함께하는 지역 커뮤니티센터로서의 기능을 같이 수행하고 있다.

## ● 공간을 통해 학교를 민주주의의 정원으로

지금 세계는 교육개혁을 위한 학교 공간의 변화를 추진하고 있다. 우리나라도 교육부, 서울특별시교육청 등 많은 곳에서 학교 공간을 재구조화하고자 적극적으로 노력하고 있다. 이를 통해 획일적인 교실과 복도의 형태가 바뀌고 있고, 다양한 공간 구성으로 개방성과 융통성을 높여 교과나 학급의 특성에 맞는 학습 공간을 만든다. 쉼과 휴식의 공간을 꾸미고, 소통과 협력을 하는 활동 등도 하고 있다. 또한 지자체와 교육청은 문화, 체육, 복지 등 주민생활에 필요한 시설을 복합적으로 만들어 학생에게는 더욱 향상된 교육환경을 제공하고 지역 주민에게는 삶의 질을 향상시키는 평생교육의 장을 제공하고 있다.

학교 공간을 재구조화하거나 마을과 함께하는 공간을 만들 때 중요한 것이 있다. 바로 학생이나 주민들이 원하는 것, 공간을 어떻게 사용하고 싶은지 등을 그들의 입장에서 생각해야 한다는 것이다. 단순히 물리적 공간을 새롭게 꾸미는 것이 아니라 배움이 더 잘 일어날 수 있는 공간이 되어야 한다. 그래서 우리 학교나 마을에 어떤 공간이 필요한지도 생각해 봐야 한다. 그리고 많은 사람들이 일상적이고 지속적으로 사용할 수 있는 공간인지, 또는 사용하고 싶은 공간인지, 얼마나 열려 있는 공간인지, 또한 학생과 학교 나아가 마을로 이어진 공간인지, 이러한 공간을 통해 서로 자유롭게 교류하거나 교감을 나누는 역할을 충분히 잘하게 만들어진 공간인지를 생각해야 한다. 학교와 마을이 함께하도록, 열린 교육 시스템을 만드는 하나의 수단이 될 수 있도록 학교 공간을 혁신하고, 또 마을에 개방해야 할 것이다. 그것이 곧 삶 속에서 민주주의를 배우고 실천하는 과정이리라.

학교 공간의 재구조화는 어른들의 시선과 경제논리가 아닌 학생들에게 '공간 주권'을 부여하는 것으로부터 시작되어야 한다. 또한 그 과정은 수업 속에서, 삶 속의 다양한 문제들을 낯설게 바라보고 협력하여 문제를 해결하는 민주적 방식이어야 한다. 거창한 예산을 확보하고 현재의 건축물을 밀어 버리고 다시 짓는 방식이 불가능하다면 우리 아이들과 공간을 소재로 사유하고 비틀어 보고 새롭게 학교 내부를 가꾸어 보는 공간 혁신 수업을 해 보자. 그 속에서 아이들과 교사가 주체가 되어 교육과정을 매개로 서로 만날 수 있을 것이다. 이러한 깊은 배움의 여정에서 우리 아이들은 민주시민의식과 함께 창의성과 도전 정신도 함께 키워 갈 것이다.

온 마을이 한 아이를 키운다는 말이 있다. 그래서 학교가 마을이 되고, 마을이 학교가 되어 민주시민을 함께 길러 내야 하는 것이다. 이전의 획일적인 학교의 모습이 아닌 다양하고 살아 숨 쉬는 공간이 우리의 삶을 얼마나 더 활기차고 풍요롭게 변화시켰는지를 느낀다. 학교의 공간을 통해서 우리가 꿈꾸는 민주주의의 정원을 만들 수 있다는 희망을 본다.

# 참고 문헌

Apple, M. & Beane, J.(2015). Democratic schools. 강희룡 옮김(2015). 민주 학교: 혁신교육의 방향을 묻는다. 서울: 살림터

Dewey, J.(1916). Democracy and education. 이홍우 옮김(2015). 민주주의와 교육. 서울: 교육과학사.

Noddings, N. & Brooks, L.(2017). Teaching controversial issues: the case for critical thinking and moral commitment in the classroom. 정창우, 김윤경 옮김(2018). 논쟁 수업으로 시작하는 민주시민교육. 서울: 풀빛.

SSK 공간 주권 연구팀(2013). 공간 주권으로의 초대. 서울: 한울아카데미.

경기도교육청(2015). 혁신학교 우리가 함께 만들어 갑니다. 미간행 유인물.

경기도교육청(2019). 혁신공감학교 워크시트 자료 '함께 성장하는 전문적학습 공동체'. 미간행 유인물.

경기도교육청(2020). 민주시민교육 기본 계획. 미간행 유인물.

광주광역시교육청(2018). 2018 학생중심 학교 공간 재구성 사업 백서: 아智트 project. 미간행 유인물.

교육부(2015). 교육부 고시 제2015-74호 [별책 7] 사회과 교육과정.

강경석, 박찬(2013). 학교조직에서의 분산적 리더십과 교사효능감 및 학습조직 화 간의 관계.

김경인(2014). 공간이 아이를 바꾼다. 서울: 중앙북스.

김상현(2017). 교사로서의 존 듀이: 인성교육의 단초. 인성교육학연구 2(1), 19-40.

김성규(2015). 따뜻한 교육 리더십. 경기: 한국학술정보.

김성천 외(2018). 학교자치. 서울: 테크빌교육.

김승회(2016). 시간을 짓는 공간. 서울: 북하우스.

김정운(2019). 바닷가 작업실에서는 전혀 다른 시간이 흐른다. 경기: 21세기 북스.

김현경(2015). 사람, 장소, 환대. 서울: 문학과지성사.

김혜정(2018). 보이텔스바흐 합의에 대한 이해와 공감. 경기도교육연구원.

디자인프레스 편집부(2018). 학교가 바뀐다. 서울: 디자인프레스.

마르셀 프루스트(2016). 잃어버린 시간을 찾아서. 서울: 민음사.

마사 누스바움(2016). 학교는 시장이 아니다. 서울: 궁리.

문성훈(2014). 인정의 시대. 서울: 사월의책.

미셸 푸코(2016). 감시와 처벌: 감옥의 탄생. 서울: 나남.

미지 청소년인권운동연대(2019). 학교, 누구를 위한 공간인가?. 프레시안.

박상완(2007). 교사평가 어떻게 할 것인가?. 한국교육개발원.

박순걸(2009). 학교 내부자들. 서울: 에듀니티.

박치범(2015). 문학교육에서의 공감에 관한 연구. 고려대학교 대학원.

백병부 외(2017). 새로운 학력관에 기반한 혁신학교 성과 분석 연구. 경기도교
    육연구원.

사토 마나부(2011). 아이들을 어떻게 가르칠 것인가. 서울: 살림터.

서기자(2018). 인문독서 교육을 통한 인성교육 연구. 어문연구학회.

성열관 외(2016). 새로운 학력 개념 정립 및 구현 방안. 전국시도교육감협의회.

성열관 외(2019). 학교는 어떤 공동체인가?. 서울: 살림터.

성열관(2018). 수업 시간에 자는 아이들: 교실사회학 관점. 서울: 학이시습.

성열관, 이형빈(2014). 수업 시간에 자는 중학생 연구. 교육사회학연구 24(1),
    147-171.

심성보 외(2012). 새로운 사회를 여는 교육혁명. 서울: 살림터.

심성보 외(2018). 보이텔스바흐 합의와 민주시민교육. 서울: 북멘토.

씨프로그램(2018). 배움의 공간을 고민하는 교육자를 위한 매뉴얼. 서울: 씨프
    로그램.

앙리 르페브르(2011). 공간의 생산. 서울: 에코리브르.

엄기호, 하지현(2015). 공부 중독. 성남: 위고.

에릭 리우, 닉 하나우어(2017). 민주주의의 정원. 서울: 웅진지식하우스.

염경미(2018). 선생님, 민주시민교육이 뭐예요?. 서울: 살림터.

오재길 외(2016). 학부모 교육 주체화 방안 연구. 경기도교육연구원.

유현준(2018). 어디서 살 것인가?. 서울: 을유문화사.

이명섭 외(2017). 교육과정-수업-평가-기록의 일체화-실천편. 서울: 에듀니티.

이상우(2009). 살아 있는 협동학습: 협동적 학급운영의 이해. 서울: 시그마프
    레스.

이시도 나나코(2016). 미래교실. 서울: 청어람미디어.

이혜정 외(2018). 학교 안 혐오 현상과 교육의 과제. 경기도교육연구원.

임영애(2013). 초등학교의 분산적 지도성, 학교 조직 문화, 교사 헌신 간의 관계.

임정훈(2018). 학교의 품격. 서울: 우리교육.

장은주(2017). 시민교육이 희망이다. 서울: 피어나.

전재상(2004). 교원승진제도 어떻게 개선될까. 한국교원신문.

정용주 외(2017). 가장 민주적인, 가장 교육적인. 서울: 교육공동체벗.

정해일(2009). 듀이의 교육환경론과 교실 민주주의. 경북대학교 박사학위논문.

조윤정(2018). 청소년 주도 마을교육공동체 사례 연구. 한국청소년연구 29(4), 199-227.

조윤정, 김정연, 김홍겸(2019). 경기미래교육 실천전략 수립 연구. 경기도교육연구원.

조재원(2017). 어울림의 공간이 곧 배움의 공간. 서울: 씨프로그램.

조한별(2016). 세인트존스의 고전 100권 공부법. 서울: 바다.

파커 J. 파머(2018). 비통한 자들을 위한 정치학. 경기: 글항아리.

허수미(2019). 논쟁이 살아 있는 교실 수업 실천 교사 직무연수 자료집. 경기도교육청.

홍경숙(2019). 학교 공간, 어떻게 바꿀 수 있을까?. 서울: 창비교육.

# 삶의 **행복**을 **꿈**꾸는 **교육**은 어디에서 오는가?

● **교육혁명을 앞당기는 배움책 이야기** 혁신교육의 철학과 잉걸진 미래를 만나다!

## 비고츠키 선집 시리즈 발달과 협력의 교육학 어떻게 읽을 것인가?

 **생각과 말**
레프 세묘노비치 비고츠키 지음
배희철·김용호·D. 켈로그 옮김 | 690쪽 | 값 33,000원

 **도구와 기호**
비고츠키·루리야 지음 | 비고츠키 연구회 옮김
336쪽 | 값 16,000원

 **어린이 자기행동숙달의 역사와 발달 I**
L.S. 비고츠키 지음 | 비고츠키 연구회 옮김
564쪽 | 값 28,000원

**어린이 자기행동숙달의 역사와 발달 II**
L.S. 비고츠키 지음 | 비고츠키 연구회 옮김
552쪽 | 값 28,000원

 **어린이의 상상과 창조**
L.S. 비고츠키 지음 | 비고츠키 연구회 옮김
280쪽 | 값 15,000원

 **비고츠키와 인지 발달의 비밀**
A.R. 루리야 지음 | 배희철 옮김 | 280쪽 | 값 15,000원

 **수업과 수업 사이**
비고츠키 연구회 지음 | 196쪽 | 값 12,000원

 **비고츠키의 발달교육이란 무엇인가?**
비고츠키교육학실천연구모임 지음 | 412쪽 | 값 21,000원

 **비고츠키 철학으로 본 핀란드 교육과정**
배희철 지음 | 456쪽 | 값 23,000원

 **성장과 분화**
L.S. 비고츠키 지음 | 비고츠키 연구회 옮김
308쪽 | 값 15,000원

 **연령과 위기**
L.S. 비고츠키 지음 | 비고츠키 연구회 옮김
336쪽 | 값 17,000원

 **의식과 숙달**
L.S 비고츠키 | 비고츠키 연구회 옮김
348쪽 | 값 17,000원

 **분열과 사랑**
L.S. 비고츠키 지음 | 비고츠키 연구회 옮김
260쪽 | 값 16,000원

 **성애와 갈등**
L.S. 비고츠키 지음 | 비고츠키 연구회 옮김
268쪽 | 값 17,000원

 **흥미와 개념**
L.S. 비고츠키 지음 | 비고츠키 연구회 옮김
408쪽 | 값 21,000원

 **관계의 교육학, 비고츠키**
진보교육연구소 비고츠키교육학실천연구모임 지음
300쪽 | 값 15,000원

 **비고츠키 생각과 말 쉽게 읽기**
진보교육연구소 비고츠키교육학실천연구모임 지음
316쪽 | 값 15,000원

 **교사와 부모를 위한 비고츠키 교육학**
카르포프 지음 | 실천교사번역팀 옮김
308쪽 | 값 15,000원

---

 **혁신교육, 철학을 만나다**
브렌트 데이비스·데니스 수마라 지음
현인철·서용선 옮김 | 304쪽 | 값 15,000원

 **혁신교육 존 듀이에게 묻다**
서용선 지음 | 292쪽 | 값 14,000원

 **다시 읽는 조선 교육사**
이만규 지음 | 750쪽 | 값 33,000원

 **대한민국 교육혁명**
교육혁명공동행동 연구위원회 지음
224쪽 | 값 12,000원

 **경쟁을 넘어 발달 교육으로**
현광일 지음 | 288쪽 | 값 14,000원

 **독일 교육, 왜 강한가?**
박성희 지음 | 324쪽 | 값 15,000원

 **핀란드 교육의 기적**
한넬레 니에미 외 엮음 | 장수명 외 옮김
456쪽 | 값 23,000원

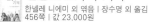 **한국 교육의 현실과 전망**
심성보 지음 | 724쪽 | 값 35,000원

# ●4·16, 질문이 있는 교실 마주이야기 통합수업으로 혁신교육과정을 재구성하다!

**통하는 공부**
김태호·김형우·이경석·심우근·허진만 지음
324쪽 | 값 15,000원

**내일 수업 어떻게 하지?**
아이함께 지음 | 300쪽 | 값 15,000원
2015 세종도서 교양부문

**인간 회복의 교육**
성래운 지음 | 260쪽 | 값 13,000원

**교과서 너머 교육과정 마주하기**
이윤미 외 지음 | 368쪽 | 값 17,000원

수업 고수들
**수업·교육과정·평가를 말하다**
박현숙 외 지음 | 368쪽 | 값 17,000원

**도덕 수업, 책으로 묻고 윤리로 답하다**
울산도덕교사모임 지음 | 320쪽 | 값 15,000원

**체육 교사, 수업을 말하다**
전용진 지음 | 304쪽 | 값 15,000원

**교실을 위한 프레이리**
아이러 쇼어 엮음 | 사람대사람 옮김
412쪽 | 값 18,000원

**마을교육공동체란 무엇인가?**
서용선 외 지음 | 360쪽 | 값 17,000원

**교사, 학교를 바꾸다**
정진화 지음 | 372쪽 | 값 17,000원

**함께 배움**
학생 주도 배움 중심 수업 이렇게 한다
니시카와 준 지음 | 백경석 옮김 | 280쪽 | 값 15,000원

**공교육은 왜?**
홍섭근 지음 | 352쪽 | 값 16,000원

자기혁신과 공동의 성장을 위한
**교사들의 필리버스터**
윤양수·원종희·장군·조경삼 지음 | 280쪽 | 값 14,000원

**함께 배움 이렇게 시작한다**
니시카와 준 지음 | 백경석 옮김 | 196쪽 | 값 12,000원

**함께 배움 교사의 말하기**
니시카와 준 지음 | 백경석 옮김 | 188쪽 | 값 12,000원

**교육과정 통합, 어떻게 할 것인가?**
성열관 외 지음 | 192쪽 | 값 13,000원

**미래교육의 열쇠, 창의적 문화교육**
심광현·노명우·강정석 지음 | 368쪽 | 값 16,000원

**주제통합수업,**
아이들을 수업의 주인공으로!
이윤미 외 지음 | 392쪽 | 값 17,000원

수업과 교육의 지평을 확장하는 **수업 비평**
윤양수 지음 | 316쪽 | 값 15,000원
2014 문화체육관광부 우수교양도서

**교사, 선생이 되다**
김태은 외 지음 | 260쪽 | 값 13,000원

**교사의 전문성, 어떻게 만들어지나**
국제교원노조연맹 보고서 | 김석규 옮김
392쪽 | 값 17,000원

**수업의 정치**
윤양수·원종희·장군 지음 | 280쪽 | 값 14,000원

**학교협동조합,**
현장체험학습과 마을교육공동체를 잇다
주수원 외 지음 | 296쪽 | 값 15,000원

**거꾸로 교실,**
잠자는 아이들을 깨우는 수업의 비밀
이민경 지음 | 280쪽 | 값 14,000원

**교사는 무엇으로 사는가**
정은균 지음 | 292쪽 | 값 15,000원

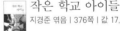
**마음의 힘을 기르는 감성수업**
조선미 외 지음 | 300쪽 | 값 15,000원

**작은 학교 아이들**
지경준 엮음 | 376쪽 | 값 17,000원

**아이들의 배움은 어떻게 깊어지는가**
이시이 준지 지음 | 방지현·이창희 옮김
200쪽 | 값 11,000원

**대한민국 입시혁명**
참교육연구소 입시연구팀 지음 | 220쪽 | 값 12,000원

**교사를 세우는 교육과정**
박승열 지음 | 312쪽 | 값 15,000원

**전국 17명 교육감들과 나눈 교육 대담**
최창의 대담·기록 | 272쪽 | 값 15,000원

**들뢰즈와 가타리를 통해 유아교육 읽기**
리세롯 마리엣 올손 지음 | 이연선 외 옮김
328쪽 | 값 17,000원

학교 혁신의 길, 아이들에게 묻다
남궁상운 외 지음 | 272쪽 | 값 15,000원

 프레이리의 사상과 실천
사람대사람 지음 | 352쪽 | 값 18,000원
2018 세종도서 학술부문

 혁신학교, 한국 교육의 미래를 열다
송순재 외 지음 | 608쪽 | 값 30,000원

 페다고지를 위하여
프레네의 『페다고지 불변요소』 읽기
박찬영 지음 | 296쪽 | 값 15,000원

 노자와 탈현대 문명
홍승표 지음 | 284쪽 | 값 15,000원

 선생님, 민주시민교육이 뭐예요?
염경미 지음 | 244쪽 | 값 15,000원

 어쩌다 혁신학교
유우석 외 지음 | 380쪽 | 값 17,000원

 미래, 교육을 묻다
정광필 지음 | 232쪽 | 값 15,000원

 대학, 협동조합으로 교육하라
박주희 외 지음 | 252쪽 | 값 15,000원

 입시, 어떻게 바꿀 것인가?
노기원 지음 | 306쪽 | 값 15,000원

 촛불시대, 혁신교육을 말하다
이용관 지음 | 240쪽 | 값 15,000원

 라운드 스터디
이시이 데루마사 외 엮음 | 224쪽 | 값 15,000원

 미래교육을 디자인하는 학교교육과정
박승열 외 지음 | 348쪽 | 값 18,000원

 흥미진진한 아일랜드 전환학년 이야기
제리 제퍼스 지음 | 최상덕·김호원 옮김 | 508쪽 | 값 27,000원
2019 대한민국학술원우수학술도서

 폭력 교실에 맞서는 용기
따돌림사회연구모임 학급운영팀 지음
272쪽 | 값 15,000원

 그래도 혁신학교
박은혜 외 지음 | 248쪽 | 값 15,000원

 학교는 어떤 공동체인가?
성열관 외 지음 | 228쪽 | 값 15,000원

 학교 민주주의의 불한당들
정은균 지음 | 276쪽 | 값 14,000원

 교육과정, 수업, 평가의 일체화
리사 카터 지음 | 박승열 외 옮김 | 196쪽 | 값 13,000원

 학교를 개선하는 교장
지속가능한 학교 혁신을 위한 실천 전략
마이클 풀란 지음 | 서동연·정효준 옮김 | 216쪽 | 값 13,000원

 공자뎐, 논어는 이것이다
유문상 지음 | 392쪽 | 값 18,000원

 교사와 부모를 위한
발달교육이란 무엇인가?
현광일 지음 | 380쪽 | 값 18,000원

 교사, 이오덕에게 길을 묻다
이무완 지음 | 328쪽 | 값 15,000원

 낙오자 없는 스웨덴 교육
레이프 스트란드베리 지음 | 변광수 옮김
208쪽 | 값 13,000원

 끝나지 않은 마지막 수업
장석웅 지음 | 328쪽 | 값 20,000원

 경기꿈의학교
진흥섭 외 지음 | 360쪽 | 값 17,000원

 학교를 말한다
이성우 지음 | 292쪽 | 값 15,000원

 행복도시 세종,
혁신교육으로 디자인하다
곽순일 외 지음 | 392쪽 | 값 18,000원

 나는 거꾸로 교실 거꾸로 교사
류광모·임정훈 지음 | 212쪽 | 값 13,000원

 교실 속으로 간 이해중심 교육과정
온정덕 외 지음 | 224쪽 | 값 13,000원

 교실, 평화를 말하다
따돌림사회연구모임 초등우정팀 지음
268쪽 | 값 15,000원

 학교자율운영 2.0
김용 지음 | 240쪽 | 값 15,000원

 학교자치를 부탁해
유우석 외 지음 | 252쪽 | 값 15,000원

 국제이해교육 페다고지
강순원 외 지음 | 256쪽 | 값 15,000원

**교사 전쟁**
다나 골드스타인 지음 | 유성상 외 옮김
468쪽 | 값 23,000원

**시민, 학교에 가다**
최형규 지음 | 260쪽 | 값 15,000원

**학교를 살리는 회복적 생활교육**
김민자·이순영·정선영 지음 | 256쪽 | 값 15,000원

**교사를 위한 교육학 강의**
이형빈 지음 | 336쪽 | 값 17,000원

**새로운학교 학생을 날게 하다**
새로운학교네트워크 총서 02 | 408쪽 | 값 20,000원

**세월호가 묻고 교육이 답하다**
경기도교육연구원 지음 | 214쪽 | 값 13,000원

**미래교육, 어떻게 만들어갈 것인가?**
송기상·김성천 지음 | 300쪽 | 값 16,000원
2019 세종도서 교양부문

**교육에 대한 오해**
우문영 지음 | 224쪽 | 값 15,000원

**혁신교육지구 현장을 가다**
이용운 외 4인 지음 | 344쪽 | 값 18,000원

**배움의 독립선언, 평생학습**
정민승 지음 | 240쪽 | 값 15,000원

**선생님, 페미니즘이 뭐예요?**
염경미 지음 | 280쪽 | 값 15,000원

**평화의 교육과정 섬김의 리더십**
이준원·이형빈 지음 | 292쪽 | 값 16,000원

**수포자의 시대**
김성수·이형빈 지음 | 252쪽 | 값 15,000원

**혁신학교와 실천적 교육과정**
신은희 지음 | 236쪽 | 값 15,000원

**삶의 시간을 잇는 문화예술교육**
고영직 지음 | 292쪽 | 값 16,000원

**혐오, 교실에 들어오다**
이혜정 외 지음 | 232쪽 | 값 15,000원

**혁신교육지구와 마을교육공동체는 어떻게 만들어지는가?**
김태정 지음 | 376쪽 | 값 18,000원

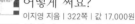
**선생님, 특성화고 자기소개서 어떻게 써요?**
이지영 지음 | 322쪽 | 값 17,000원

**학생과 교사, 수업을 묻다**
전용진 지음 | 344쪽 | 값 18,000원

**혁신학교의 꽃, 교육과정 다시 그리기**
안재일 지음 | 344쪽 | 값 18,000원

---

● **살림터 참교육 문예 시리즈** 영혼이 있는 삶을 가르치는 온 선생님을 만나다!

**꽃보다 귀한 우리 아이는**
조재도 지음 | 244쪽 | 값 12,000원

**성깔 있는 나무들**
최은숙 지음 | 244쪽 | 값 12,000원

**아이들에게 세상을 배웠네**
명혜정 지음 | 240쪽 | 값 12,000원

**밥상에서 세상으로**
김흥숙 지음 | 280쪽 | 값 13,000원

**우물쭈물하다 끝난 교사 이야기**
유기창 지음 | 380쪽 | 값 17,000원

**선생님이 먼저 때렸는데요**
강병철 지음 | 248쪽 | 값 12,000원

**서울 여자, 시골 선생님 되다**
조경선 지음 | 252쪽 | 값 12,000원

**행복한 창의 교육**
최창의 지음 | 328쪽 | 값 15,000원

**북유럽 교육 기행**
정애경 외 14인 지음 | 288쪽 | 값 14,000원

**시험 시간에 웃은 건 처음이에요**
조규선 지음 | 252쪽 | 값 15,000원

## 교과서 밖에서 만나는 역사 교실 상식이 통하는 살아 있는 역사를 만나다

### 전봉준과 동학농민혁명
조광환 지음 | 336쪽 | 값 15,000원

### 남도의 기억을 걷다
노성태 지음 | 344쪽 | 값 14,000원

### 응답하라 한국사 1·2
김은석 지음 | 356쪽·368쪽 | 각권 값 15,000원

### 즐거운 국사수업 32강
김남선 지음 | 280쪽 | 값 11,000원

### 즐거운 세계사 수업
김은석 지음 | 328쪽 | 값 13,000원

### 강화도의 기억을 걷다
최보길 지음 | 276쪽 | 값 14,000원

### 광주의 기억을 걷다
노성태 지음 | 348쪽 | 값 15,000원

### 선생님도 궁금해하는 한국사의 비밀 20가지
김은석 지음 | 312쪽 | 값 15,000원

### 걸림돌
키르스텐 세룹-빌펠트 지음 | 문봉애 옮김
248쪽 | 값 13,000원

### 역사수업을 부탁해
열 사람의 한 걸음 지음 | 388쪽 | 값 18,000원

### 진실과 거짓, 인물 한국사
하성환 지음 | 400쪽 | 값 18,000원

### 우리 역사에서 사라진 근현대 인물 한국사
하성환 지음 | 296쪽 | 값 18,000원

### 꼬물꼬물 거꾸로 역사수업
역모자들 지음 | 436쪽 | 값 23,000원

### 즐거운 동아시아사 수업
김은석 지음 | 240쪽 | 값 15,000원

### 노성태, 역사의 길을 걷다
노성태 지음 | 324쪽 | 값 17,000원

### 교과서 밖에서 배우는 역사 공부
정은교 지음 | 292쪽 | 값 14,000원

### 팔만대장경도 모르면 빨래판이다
전병철 지음 | 360쪽 | 값 16,000원

### 빨래판도 잘 보면 팔만대장경이다
전병철 지음 | 360쪽 | 값 16,000원

### 영화는 역사다
강성률 지음 | 288쪽 | 값 13,000원

### 친일 영화의 해부학
강성률 지음 | 264쪽 | 값 15,000원

### 한국 고대사의 비밀
김은석 지음 | 304쪽 | 값 13,000원

### 조선족 근현대 교육사
정미량 지음 | 320쪽 | 값 15,000원

### 다시 읽는 조선근대 교육의 사상과 운동
윤건차 지음 | 이명실·심성보 옮김 | 516쪽 | 값 25,000원

### 음악과 함께 떠나는 세계의 혁명 이야기
조광환 지음 | 292쪽 | 값 15,000원

### 논쟁으로 보는 일본 근대 교육의 역사
이명실 지음 | 324쪽 | 값 17,000원

### 다시, 독립의 기억을 걷다
노성태 지음 | 320쪽 | 값 16,000원

### 한국사 리뷰
김은석 지음 | 244쪽 | 값 15,000원

### 경남의 기억을 걷다
류형진 외 지음 | 564쪽 | 값 28,000원

### 어제와 오늘이 만나는 교실
학생과 교사의 역사수업 에세이
정진경 외 지음 | 328쪽 | 값 17,000원

## 더불어 사는 정의로운 세상을 여는 인문사회과학 사람의 존엄과 평등의 가치를 배운다

 **밥상혁명**
강양구·강이현 지음 | 298쪽 | 값 13,800원

 **도덕 교과서 무엇이 문제인가?**
김대용 지음 | 272쪽 | 값 14,000원

 **자율주의와 진보교육**
조엘 스프링 지음 | 심성보 옮김 | 320쪽 | 값 15,000원

 **민주화 이후의 공동체 교육**
심성보 지음 | 392쪽 | 값 15,000원
2009 문화체육관광부 우수학술도서

 **갈등을 넘어 협력 사회로**
이창언·오수길·유문종·신윤관 지음
280쪽 | 값 15,000원

 **동양사상과 마음교육**
정재걸 외 지음 | 356쪽 | 값 16,000원
2015 세종도서 학술부문

 **교과서 밖에서 배우는 철학 공부**
정은교 지음 | 280쪽 | 값 14,000원

 **교과서 밖에서 배우는 사회 공부**
정은교 지음 | 304쪽 | 값 15,000원

 **교과서 밖에서 배우는 윤리 공부**
정은교 지음 | 292쪽 | 값 15,000원

 **한글 혁명**
김슬옹 지음 | 388쪽 | 값 18,000원

 **우리 안의 미래교육**
정재걸 지음 | 484쪽 | 값 25,000원

 **왜 그는 한국으로 돌아왔는가?**
황선준 지음 | 364쪽 | 값 17,000원
2019 세종도서 교양부문

 **공간, 문화, 정치의 생태학**
현광일 지음 | 232쪽 | 값 15,000원

 **인공지능 시대의 사회학적 상상력**
홍승표 지음 | 260쪽 | 값 15,000원

 **동양사상과 인간 그리고 사회**
이현지 지음 | 418쪽 | 값 21,000원

 **좌우지간 인권이다**
안경환 지음 | 288쪽 | 값 13,000원

 **민주시민교육**
심성보 지음 | 544쪽 | 값 25,000원

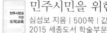 **민주시민을 위한 도덕교육**
심성보 지음 | 500쪽 | 값 25,000원
2015 세종도서 학술부문

 **교과서 밖에서 배우는 인문학 공부**
정은교 지음 | 280쪽 | 값 13,000원

 **오래된 미래교육**
정재걸 지음 | 392쪽 | 값 18,000원

 **대한민국 의료혁명**
전국보건의료산업노동조합 엮음 | 548쪽 | 값 25,000원

 **교과서 밖에서 배우는 고전 공부**
정은교 지음 | 288쪽 | 값 14,000원

 **전체 안의 전체 사고 속의 사고**
김우창의 인문학을 읽다
현광일 지음 | 320쪽 | 값 15,000원

 **카스트로, 종교를 말하다**
피델 카스트로·프레이 베토 대담 | 조세종 옮김
420쪽 | 값 21,000원

 **일제강점기 한국철학**
이태우 지음 | 448쪽 | 값 25,000원

 **한국 교육 제4의 길을 찾다**
이길상 지음 | 400쪽 | 값 21,000원
2019 세종도서 학술부문

 **마을교육공동체 생태적 의미와 실천**
김용련 지음 | 256쪽 | 값 15,000원

 **교육과정에서 왜 지식이 중요한가**
심성보 지음 | 440쪽 | 값 23,000원

 **식물에게서 교육을 배우다**
이차영 지음 | 260쪽 | 값 15,000원

## 평화샘 프로젝트 매뉴얼 시리즈  학교폭력에 대한 근본적인 예방과 대책을 찾는다

### 학교폭력 어떻게 만들어지는가
문재현 외 지음 | 300쪽 | 값 14,000원

### 아이들을 살리는 동네
문재현·신동명·김수동 지음 | 204쪽 | 값 10,000원

### 학교폭력, 멈춰!
문재현 외 지음 | 348쪽 | 값 15,000원

### 평화! 행복한 학교의 시작
문재현 외 지음 | 252쪽 | 값 12,000원

### 왕따, 이렇게 해결할 수 있다
문재현 외 지음 | 236쪽 | 값 12,000원

### 마을에 배움의 길이 있다
문재현 지음 | 208쪽 | 값 10,000원

### 젊은 부모를 위한 백만 년의 육아 슬기
문재현 지음 | 248쪽 | 값 13,000원

### 별자리, 인류의 이야기 주머니
문재현·문한뫼 지음 | 444쪽 | 값 20,000원

### 우리는 마을에 산다
유양우·신동명·김수동·문재현 지음
312쪽 | 값 15,000원

### 동생아, 우리 뭐 하고 놀까?
문재현 외 지음 | 280쪽 | 값 15,000원

### 누가, 학교폭력 해결을 가로막는가?
문재현 외 지음 | 312쪽 | 값 15,000원

---

## 남북이 하나 되는 두물머리 평화교육  분단 극복을 위한 치열한 배움과 실천을 만나다

### 10년 후 통일
정동영·지승호 지음 | 328쪽 | 값 15,000원

### 선생님, 통일이 뭐예요?
정경호 지음 | 252쪽 | 값 13,000원

### 분단시대의 통일교육
성래운 지음 | 428쪽 | 값 18,000원

### 김창환 교수의 DMZ 지리 이야기
김창환 지음 | 264쪽 | 값 15,000원

### 한반도 평화교육 어떻게 할 것인가
이기범 외 지음 | 252쪽 | 값 15,000원

---

## 창의적인 협력 수업을 지향하는 삶이 있는 국어 교실  우리말 글을 배우며 세상을 배운다

### 중학교 국어 수업 어떻게 할 것인가?
김미경 지음 | 340쪽 | 값 15,000원

### 토론의 숲에서 나를 만나다
명혜정 엮음 | 312쪽 | 값 15,000원

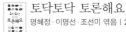
### 토닥토닥 토론해요
명혜정·이명선·조선미 엮음 | 288쪽 | 값 15,000원

### 인문학의 숲을 거니는 토론 수업
순천국어교사모임 엮음 | 308쪽 | 값 15,000원

### 어린이와 시
오인태 지음 | 192쪽 | 값 12,000원

### 수업, 슬로리딩과 함께
박경숙 외 지음 | 268쪽 | 값 15,000원

### 언어던
정은균 지음 | 268쪽 | 값 15,000원
2019 세종도서 교양부문

### 민촌 이기영 평전
이성렬 지음 | 508쪽 | 값 20,000원

### 감각의 갱신, 화장하는 인민
남북문학예술연구회 | 380쪽 | 값 19,000원

# 참된 삶과 교육에 관한
## 생각 줍기